U N R E A D

Bestemming
Droomjob

适合什么工作

Karen Dejongh

[比] 凯伦·德容 著
李静 译

北京联合出版公司
Beijing United Publishing Co.,Ltd.

什么工作适合你

[比]凯伦·德容 著
李静 译

图书在版编目(CIP)数据

什么工作适合你 / (比)凯伦·德容著；李静译. --
北京：北京联合出版公司, 2025.3. -- ISBN 978-7
-5596-8212-3
Ⅰ. C913.2-49
中国国家版本馆 CIP 数据核字第 2025TB8170 号

Bestemming droomjob: In 6
etappes naar meer werkgeluk

by Karen Dejongh

© 2023, Lannoo Publishers. For
the original edition.
Original title: Bestemming

droomjob. In 6 etappes naar meer werkgeluk
Translated from the Dutch language
www.lannoo.com
Simplified Chinese Translation copyright © 2025 by
United Sky (Beijing) New Media Co., Ltd.
All rights reserved.

北京市版权局著作权合同登记 图字：01-2025-0108 号

出 品 人	赵红仕
选题策划	联合天际
责任编辑	龚　将
特约编辑	王　瑶
美术编辑	程　阁
封面设计	奇文云海

出　　版	北京联合出版公司
	北京市西城区德外大街 83 号楼 9 层 100088
发　　行	未读(天津)文化传媒有限公司
印　　刷	大厂回族自治县德诚印务有限公司
经　　销	新华书店
字　　数	124 千字
开　　本	889 毫米 × 1194 毫米　1/32　6.5 印张
版　　次	2025 年 3 月第 1 版　2025 年 3 月第 1 次印刷
I S B N	978-7-5596-8212-3
定　　价	52.00 元

关注未读好书

客服咨询

本书若有质量问题，请与本公司图书销售中心联系调换
电话：(010) 52435752

未经书面许可，不得以任何方式
转载、复制、翻印本书部分或全部内容
版权所有，侵权必究

目录

引言   001

准备阶段　方法说明：
　　6个阶段，让你拥有更强的工作幸福感   011

　　你真正了解自己吗？   014
　　你真正了解自己的职业吗？   017
　　实现职业目标的6个阶段   018
　　在职业生涯的旅途中，你会带上哪些"行李"？   023
　　为什么定期经历这些阶段至关重要呢？   025

阶段1　你从家庭中获得了哪些真实天赋？   031

　　探索你的职业概况   039
　　你如何应对变化？   042
　　对照清单：你是稳定者还是影响者？   043
　　你更注重任务导向，还是人际导向？   048
　　在职业概况矩阵中找到自己的平衡点   051

阶段 2　你自己获得了哪些能力？　　　063

　　为什么发现你所获得的能力十分重要？　　067
　　到目前为止，你获得了哪些能力？　　069
　　你的阴影面有哪些？　　070
　　你在哪种角色中表现最好？　　072

阶段 3　你的价值观是什么？　　　085

　　你的价值观是什么？　　089
　　在当前的工作中，你的价值是否得到了应有的发挥？　　095
　　金钱有多重要？　　100

阶段 4　你在职业生涯中真正渴望的是什么？　　　111

　　渴望到底是什么？　　120
　　你的渴望是一簇鬼火，还是一枚指南针？　　121
　　如何识别职业生涯中的破坏性渴望？　　125
　　发现你最重要的职业渴望　　127

阶段 5　你在职业生涯中已经取得了哪些成就？　　　　137

　　为什么评估自己的成果很重要？　　　　143
　　你能从"坏"结果或经历中吸取哪些教训？　　　　145
　　5 种自我破坏的方式　　　　145

阶段 6　你的职业转型：

如何在职业生涯中选择正确的方向？　　　　155

　　你的职业生涯正在转型：下一步要怎么走呢？　　　　160
　　你正在进行的是怎样的变动？
　　在职业生涯中，你会自动被什么吸引，又会
　　自动排斥什么？　　　　161
　　如何做出真实的职业选择？　　　　167
　　你的驱动因素：
　　是哪些因素推动你在职业生涯中不断前进？　　　　168
　　为什么定期评估驱动因素很重要？　　　　170
　　留下还是离开？　　　　175

职业护照　　　　181
结语　　　　197

引言

在工作中,你有时候会不会也有一种"就这样了吗?"的感觉呢?你可绝对不是一个人。这是如今二三十岁的年轻人最常谈论的话题之一,而即使在老一代人中,职业渴望也越来越少成为禁忌。

你是否觉得在当今的就业市场上很难找到自己的位置,这是你的问题吗?并不是的。要做出"理想工作"这样的人生选择,或者回答"我想要成为什么样的人"这样的人生问题,都是非常复杂的。相信我,毕竟我是过来人。

我是凯伦,是就业指导公司"职业教练/职业匹配"(The Job Coach / The Job Matchers)的创始人。我自己在职业生涯中,也走过不少弯路。在接受了扎实的学术培训后,我非常迅速且成功地攀登上了职业生涯的阶梯。然而后来,我在一年之内做了两次错误的职业选择。最后,我进入了自己并不擅长的组织和岗位。我向一位职业规划师寻求建议,发现工作实际上是真实自我以及个人身份的一种体现。或者说,它本该如此。与此同时,我发现市场上很少有深入的就业指导方法能反映这一点。于是,我自己创立了一家就业指导公司——"职业教练"。从我个人的经历来看，我每天的工作都是一次探索之旅，探索真实自我以及我们的就业指导客户的真实身份。

我们的就业指导方法所研究的**不仅仅是你的优势，还有基于你的人生故事和背景之上的完整身份**。这意味着，我们也会去寻找那些你自己想要隐藏起来的特质，以及那些你与常规不符的特质，在书中我把它们称为你的阴影面。通常情况下，正是基于**某个阴影面、局限或是偏离"规范"的特质**，雇主、团体或者管理者才会将你排除在某个角色之外，而事实上，正因为这种"局限"或者缺陷，你在另一个雇主或者另一个角色中反而会有出色的表现。

比如，我有注意缺陷障碍（attention deficit disorder，简称ADD），过去在专业场合我经常因为心不在焉而受到评判和指责。但通过对这个"弱点"的进一步研究，我学会了运用自己的ADD特质引导人们迅速进入其内心世界。在我的深入提问和创造性技巧的帮助下，人们会很快发现自己真正的自在之处，以及自己真正渴望的东西。这么一来，我的弱点反而发展成为我的就业指导公司的DNA。目前，我的公司有大约60名同事，每年帮助数千人发现自己的理想位置。

通过这本书，我希望进一步帮助读者发现理想的职业方向，**从而做出符合真实自我的职业选择**。

我将我们深入的就业指导方法汇总成一个**由6个阶段组成的路径**。当走完这6个阶段，你就能够编撰一本"**职业护照**"，它总结了你当前的天赋、能力、价值观、愿望和成就。通过这种方式，你可以更有针对性地思考自己职业生涯的下一步，比如，在哪些方面还有改进的空间，以及在哪些方面还可以继续发展。

把这本书当作是你追寻自我的一次**内在发现之旅**吧。这个旅程真的不必枯燥乏味，它可以变得很有趣！通过这本书及其中的反思练习，我希望你能够行动起来，**在未来的职业生涯中做出尽量真实的选择。这样**，你会逐渐在工作中找到更多满足感，因为你的职业将更好地反映你的真实面貌。因此，请务必在翻阅本书时准备一个笔记簿或记事本，以便在阅读文字或者进行练习时，你能在第一时间将自己的所思所想记录下来。

除此之外，与同事分享这一过程也是值得的，当然还有你的伴侣、朋友、家人，或是与你一同走过这一旅程的专业职业规划师。这也可以为求职申请奠定进一步的基础，或为你和雇主或上司之间的对话创造空间。在职场谈论自己的渴望已不再是禁忌了。通过定期练习表达自己的渴望，它们会逐渐变得更容易讨论，而且在雇主看来也越来越不会觉得被冒犯。**这就像学习一门新语言：一开始很难，但过了一段时间后就会容易很多。**

在职业生涯中，不断评估自己所处的位置是十分有必要的。请定期检查一下"职业护照"中不同阶段的具体情况吧。既然你在自己的"工作"上投入了大量时间，那么在一份内容兼具足够意义、充满乐趣、拥有较高认可度且具备多样性的工作中找到属于自己的定位，便显得尤为重要。

对个体而言并不容易

正如我在一开始所写的那样，在职业生涯中做"真实的自己"，在这个时代并非易事。毕竟，劳动力市场和我们的社会对职业的要求并没有变得更加简单。每隔半年，我们都会进行一次在线调查。以下就是过去十年中出现的主要趋势：

1. 职业应越来越能够表达一个人独特的个性或身份

如今，人们不仅希望自己的个性、天赋和价值观在工作内容中体现，也希望在同事间、组织内或团体中得到体现。人们不再喜欢与自己人生观不符的产品、服务或组织，他们希望每天都与志同道合的同僚共事，彼此之间能有共鸣。就像是选择伴侣一样，人们对工作选择和雇主的期望也变得越来越高，专业的就业指导也因此越来越受欢迎，也越来越有必要。我们观察到，在我们的客户中，他们只愿意为自己相信的产品、理念或者工作方式而工作。以前的那种社交生活和教会社区在我们的社会中日益淡出舞台。这意味着，我们的客户转而从其他地方寻求意义，其中就包括他们的雇主以及工作内容。世界著名的心理治疗师和关系治疗师埃丝特·佩瑞尔（Esther Perel）在她的播客《工作怎么样啊？》（*How's Work?*）中这样说："工作变成了一个为了共同体、联结、意义、目标和成长的场所。"今天，无论是作为一名雇员还是自由职业者，你都想要为一个更为高尚的目标出一份力。因此，一家公司如果没有肩负企业社会责任，就很难激发员工的积极性。举例来说，如果你在一家策划活动的公司工作，那么只有当你认为活动的风格和目的与你自己、你的职业或人生目标相契合时，你才会愿意去支持你的公司。又比如，香烟品牌想要吸引人才变得越来越困难了，而那些蔑视雇佣条件的建筑公司也面临着劳动力短缺的问题。

2. 社交媒体上那些光鲜亮丽的榜样人物激发了人们对工作的不切实际的向往，这让那些有着"正常"职业的年轻人滋生出不满情绪

通过社交媒体上的榜样人物等，人们产生了一种错觉：你是谁，过去积累了什么能力，这些都不再重要。毕竟，根据一些大师、商业讲师或者营销人员的说法，你只要每天站在镜子前，想象梦想成真的画面，口中念诵咒语，并从他们那里购买足够的课程或辅导服务，你就可以在职业中成为任何人。"只要想得到，就能做得到"。他们引诱雄心勃勃的年轻人参加辅导或培训课程，学员们梦想着自己会很快变得与这些大师一样。当然了，那些从美国传过来的流行的辅导技巧，比如神经语言程序学（Neuro-Linguistic Programming，简称NLP）、表现法、催眠术或者可视化技巧确实自有其用，它们被越来越多地（有点操纵性质地）用来强调未来的梦想和目标。这本身是一件好事，因为这么一来，新世代的人们就会越来越意识到自己的未来愿景和职业抱负。遗憾的是，这种技巧却在极富雄心的商业辅导或就业指导项目中被过于频繁和轻率地应用，而一个人过去已经积累的才能、经验和能力却没有得到足够的关注。如果不加思考地应用这些技巧，失败焦虑、逃避行为、冒名顶替综合征[1]、麻痹或者失望很快就会冒出头来，因为由此产生的职业目标或抱负往往都会与现实情况相去甚远。

在领英[2]上，职位名称有时会被夸大，简历有时也会因要塑造个人品牌而被过度美化。如果把自己目前的职位与人际网络中别人的那些光鲜亮丽的头衔相比，人们很快就会感到挫败或不满。在我可爱且才华横溢的客户中，我看到有许多人都毫无道理地对他们现有的职业道路和能力感到不满意。

童话并不存在。社交媒体上，那些来自榜样人物——首席执行官、初创企业家或者闪电般变换职业的人们——的片面之言，往往会引起人们的憧憬。这些榜样人物夸大了自己的成功，却对外界隐藏了自己的阴影面，从而导致那些追随、复制、仿效他们的人后来面对了残酷的现实。毕竟，有谁曾经在Instagram上看到过有关初创企业家面临资金压力的帖子，又或是年轻高管要解雇一个50多岁员工时的紧张心情的帖子呢？当然没有！年轻人往往

---

1 关于冒名顶替综合征（impostersydrom）是什么以及为什么会出现，本书在阶段4中做了具体的解释和分析。——译者注（本书脚注若无特殊说明，均为译者注）

2 LinkedIn，面向职场的社交平台。

没有意识到，每一个理想形象都有其阴影面存在，因此，在做职业选择时，就会出现判断失误。所以，我鼓励商业讲师、社交媒体上的榜样人物和企业高管们开诚布公地交流他们职业道路及其过程中的利弊，而在对自己的专长真正驾轻就熟之前，这往往需要花费大量的时间、失败力（做好失败的准备）和毅力。

3."如果进展不够快，换个工作不就行了？"

我们不但想要越来越多，而且希望越快越好。我发现，年青的世代尤其要与失败焦虑和（或）冒名顶替综合征做斗争：他们有时候会不自觉地感到自己是个骗子。他们的事业通常发展迅速，然而成功带给他们的满足感却很有限。一路上的疑虑、不确定感和失败经验都被尽可能地避开或隐藏起来，并将其视为失败。在同龄人中间或者社交媒体上，这些经历并不会被提及或分享，这让他们在与同龄人或人际网络其他人的比较中感到自己"不正常"。相较于从经验中学习，他们更想要的是避开每一次对抗，一个不合意就迅速更换工作。频繁跳槽是可以避免的，有的时候只要与领导进行一次简单的谈话，或是向同事寻求更多帮助就可以了。对公司而言，脆弱性、诚实对话的空间、在团队内部对失败力进行鼓励，这些已经成为想要吸引员工长期留任，并令长期工作关系保持活力的最大的成功因素了。

4. 代沟在职场上引发了价值冲突

我们注意到，婴儿潮一代[1]人和X[2]、Y[3]两个世代的人之间在期望和沟通方式上存在着巨大差异。婴儿潮一代（曾经）侧重于建立安全感，并希望自己因积累下来的财富（房屋、汽车）或成就而得到认可。他们认为，只要达到了特定的职位水平，或者积累了一定水平的物质财富，他们就已经在职业生涯中"做得不错"了。而X、Y两代更渴望的是由于个人发展历程、独特的能力或者是对社会的杰出贡献而得到认可。如果他们在职业生涯中获得了深刻的成长经历，他们就会更容易将其视为"成功"，而不是仅仅靠着薪水就能买得起房子或豪车。因此，他们在对自己渴望的表述上，对雇主更加坦诚和透明，而婴儿潮一代则更加倾向于压抑自己的真实诉求，以维护自己在工作环境中的高大形象和职业道德。在职业指导过程中，我们注意到，婴儿潮一代更难向自己承认他们真正想要的是什么。他们常常困惑于自己"必须"做什么，以及他们真正想要什么。

在这些趋势中，你是否看到了自己，或者是你周围人的影子呢？你绝对不是一个人，因为这种情况我每天都能在我们的客户的故事中听到至少一两次。在当今的劳动力市场上，作为个体做出职业选择并不容易，原因就在于此了。

---

1 在西方世界，婴儿潮一代通常指1946—1964年出生的人。
2 X世代通常指1965—1980年出生的人。
3 Y世代通常指1981—1996年出生的人。

对雇主而言并不容易

对雇主或者客户来说，满足所有期望、吸引和留住人才也是一项艰巨的任务。因为除了扮演意义提供者、心理医生、启发者、关怀者等角色外，雇主首先必须确保拥有足够的资源和经济活动来支付员工的薪酬。除了这项在我们的社会中似乎都被忘掉了的基本任务之外，雇主还必须越来越多地进行人员配置管理。持续的人员变动和缺勤，如今已使得招聘和留住员工变成了一家公司及其首席执行官的核心任务，而过去，人员配置更多只是人力资源部门的辅助性额外任务罢了。在处理完人员短缺问题后，公司所剩无几的资源和时间同时还要满足员工的所有期望，这往往会让人力资源部门和领导层感到力不从心。因此，许多组织出现以下情况也就不足为奇了。比如，高管或中层管理人员的缺勤率飙升，人员管理已经变成了一项任务，它并不总是令人羡慕，有时还伴随着时间的大量投入。

因此，有必要同时考虑到员工和雇主的现实情况，并在了解彼此需求的情况下进行对话。

本书主旨：如何选择正确的职业方向

今天，职业生涯**已不再呈直线式**发展了。新一代不再认为有必要每年赚多一点儿钱，而是更倾向于将职业生涯视为通往振奋

人心的目的地的旅程。比起如何拿下下一次晋升，从长远来看，更重要的是哪种职业目的地能给你带来更大的成就感，什么才是最适合你目前人生状况的。

好消息是，如果你在做出选择的时候从头开始，就可以避免很多职业压力。**选择一个符合你的真实天赋、能力、价值观和渴望的职业目标或方向吧。**

在字典中，"真实"这个词的含义是"真的、可靠的和值得信赖的"。它在社交媒体上已经被滥用了，旨在强调某个网红或公众人物多么真、多么诚实。因此，它已经变成了一个泛泛之词，是个人都多少会用自己的方式去解释其中的含义。一个言行真实的人，会被认为是行为、思想、语言和心灵相一致的人。换句话说，如果你在职业生涯中做出真实的选择，你自然就更加值得信赖。

准备阶段

**方法说明：
6个阶段，
让你拥有更强的工作幸福感**

既然你正在阅读这本书，我想你对自己当前的工作状况并不完全满意。也许这样说还是太轻描淡写了……

在本书中，我们会通过**6个阶段**探索通往你下一个职业目标的道路。这将使你更加接近自我，让你做出更适合真实自我的职业选择。这样，你将会逐步建立并完善自己的"**职业护照**"。

建立"职业护照"的道路可不是一帆风顺的，你需要深入挖掘自己。我承认，这些阶段背后的理论有时相当艰难。但如果你坚持下去，按照自己的节奏读完这本书，你将会获得真正的回报。你会发现自己隐藏的优势是什么，你的价值观和渴望是什么，你目前已经取得了哪些成就，以及如何找到通往职业生涯下一步的正确方向。换句话说，你将独自完成整个职业指导。当然，我会在这本书中陪着你。

这本书要如何使用呢？ 首先，准备一本方便携带的笔记本。在每个阶段开始时，我们都将提出几个值得"开始反思"的问题，为的是之后好对该章节的理论进行解释。在每个阶段的最后都有一个全面的全局反思练习，为了它，你最好做一下笔记。请注意，你也可以与同事、职业规划师、伴侣甚至是你的领导来一起完成这些练习。就像我在引言中提到的那样，职业指导可以创造员工与雇主对话的空间。当你更清楚自己的立场和真实身份时，你就能更好地表达自己的渴望。你可以与自己的雇主或领导一起，了解这些渴望对雇主来说在多大程度上是可操作的，再看看你们如何能够（说不定）在中途达成共识。

在这一章中，我们将大致介绍本书的内容。这能帮助你在这6个阶段的学习过程中不至于迷失方向。你是否感到有些不知所措，或是不知道该如何是好？别担心，你可以随时回到本章，重新了解概况。

你真正了解自己吗？

让我们从头开始吧。**你目前的职业生涯是什么样的？你现在的工作、角色或者任务符合你的真实身份吗？** 当你思考这些问题时，你的大脑可能会涌现各种各样的想法。但实际上，只有当你对自己在职业生涯中的真实身份有了深刻的了解之后，你才能很好地回答这些问题。换句话说，只有你先敢于坦诚地说出你的真实身份、你来自哪里以及你真正喜欢什么，你才能判断某个目的地是否适合自己！因此，要先问几个关于你目前工作情况的导向性问题：

1. 你能够最大限度地发挥自己，并运用自己所有的天赋和能力（不管你对它们是不是已经有所意识）吗？
2. 你对自己的认知是否符合实际？
3. 你能在工作中做自己吗？或者你更多是在扮演一个角色，以求获得他人的认可？
4. 你是否意识到在工作中是什么价值观在驱动着你，而你又能为社会带来哪些价值？

5. 你是否明确自己在职业生涯中真正的渴望与期待，还是说常常在他人的期望中迷失自我？

> **示例**
>
> **雅克琳拥有一家成功的家具企业**
>
> 　　雅克琳是一位成功的企业家，与丈夫一起经营家具生意。她负责管理他们在安特卫普的两家店中的一家。因为她在经营中对顾客关怀备至，让人感到热情舒适、充满激情，所以她的家具店在安特卫普小有名气。顾客们经常给她发电子邮件，询问家具设计布局和个人问题，她总是不分昼夜地提供服务。
>
> 　　雅克琳一度雄心勃勃地想开第三家分店，然而在第二个孩子出生后，她越来越频繁地发现，只要看到有带着孩子的女性进到店里，自己就会气不打一处来。学校门口那些闲散的妈妈也让她非常恼火，因为在她的内心深处，她也越来越渴望在家里和孩子们在一起，而不是在外面和她的顾客在一起。她没有办法立即承认这一点，因为多年以来她一直都把自己视作一个有抱负的独立企业家。
>
> 　　当她来到就业指导中心，完成了6个阶段后，她不得不诚实地面对自己的真实愿望。通过职业指导课程，她告别了自己作为雄心勃勃企业家的自我意象，而是为自己塑造

了一个更现实的形象：一个在美好的工作与家庭之间寻找平衡点的、疲惫的职场妈妈。

她关闭了安特卫普的分店，放弃了一部分收入，并选择了下一个职业方向——只为她的顶级客户设计定制家具。

你真正了解自己的职业吗？

作为一名职业规划师，我常常听到这样的话："我在工作中总感觉**不被看见**或者说**不受赏识**。"但经验告诉我，获得更多的赞赏或关注并不总是减轻这种不满情绪的解决方案。已经反复被证明的真正问题在于，当事人在他的职业生涯中对自己没有一个清晰的认识。我的意思是，他并不真正了解在工作中什么让自己感到**愉快，对于自己真正的天赋和阴影面是什么，以及自己在工作中渴望得到什么**，他也看得不清楚。因此，当事人在职业环境中没有一个现实的自我意象，所以也就没有"看到"或"重视"自己独特的天赋、价值或渴望。

具体来说，你通常会发现这种情况存在于如下的症状中。

拥有与自己真实性格特征不符的野心，从而导致真正的天赋和价值被埋没；追求那些看起来对你的简历、形象或投资组合有利的梦想，但它们却与你当时的真实需求并不相符；又或者过度地凸显自己，以弥补对内心真实需求的忽视。

你能从中看见自己吗？那么，就请思考一下以下问题。

- 当前，你在职业生涯中感到被看见了吗？
- 你感觉在工作中的自我形象与私下里的你一致吗？
- 你能清晰地看到自己真正的天赋和真实的需求吗？
- 你敢于做自己，并且坦率地承认自己喜欢什么、渴望什么吗？

- 在你能承担哪些责任这点上,你敢不敢对自己和他人坦诚?

如果你还无法明确地回答这些问题,那么,你会从接下来的练习和章节中,学会更好地了解自己。相信我,你为此付出的努力真的会有回报。因为自说自话地去追求与真实自我不符的才能、抱负和期望,只会导致能量的巨大损失,以及令自己和周围的人都感到失望。尤其重要的是,这会导致你无法发挥自己真正的才能。在人才争夺战如火如荼的今天,这一点我们可是绝对要避免的!

实现职业目标的6个阶段

在花点时间反思了自己目前的工作状况后,我想让你考虑一下那些实现"最终目标"(有人称之为"梦想的工作",也有人称之为"使命")的不同步骤。

职业生涯之旅的目的地在哪儿,眼下可能还看不清楚,但你已经能听到来自远方的呼唤了。你的使命是什么,或者你的使命来自哪个方向,现在还不一定很清晰,但你可能已经感觉到了,你当前的工作从长远来看是否符合这个使命、梦想的工作或职业目标。

可是,如果我已经知道了自己的长期目标,那我就用不着买这本书了,不是吗?或许,你可能还没有想好,因为你常常被外界对你的期望或你强加给自己的期望搞得一团乱。又或许,你已经与他人对你职业生涯的目的地的期望或理想融为一体。尽管如此，我们的**心中都有一枚奇妙的指南针**，只要我们让自己的内心保持片刻安静，就可以在即将要经历的6个阶段中依靠它前行。

开始反思

通过第一个练习,我想在你踏上探寻自我、寻找最终目标的旅程之前,重新激活你内心的指南针。

在睡觉前或在大自然中进行放松活动前,阅读下面的问题。当你独处或是与你爱的人在一起时,想一想这些问题。然后,拿出你平时用的笔记本,在上面不慌不忙地记下你最初的思考。你的有意识自我可能无法立即回答这些问题,但你的无意识自我会越来越多地被激发出来,并准备好通过这6个阶段来探索这次职业生涯之旅。

探索起点

- 你现在的职业是什么样的?
- 你现在的自我意象是怎样的?你会用哪10个词来形容现在的自己?别人又会用哪10个词来形容现在的你?
- 你的职业与你现在的自我意象是否相符?或者换个说法,你现在的工作、角色或任务是否符合你对自己的看法?
- 当前,你在自己的职业中感到被看见了吗?
- 你的哪些需求在目前的工作中得到了体现?
- 你的哪些需求被埋没或被压抑了(无论是被你自己还是被其他人)?

- 你的哪些天赋或特质能在目前的工作中得到发展？
- 你认为自己的哪些天赋或特质尚未得到开发？

探索终点

- 如果你职业生涯的最终目的地是一个国家，那么你想去哪个国家，为什么？
- 在你的职业生涯中，你无论如何一定要看到、做到和学到的东西是什么？
- 当你退休时，你希望你的同事如何评价你的职业生涯？
- 如果金钱、形象或者学历都不存在，你认为自己最适合哪种工作或角色？而在其他人眼里，你最适合哪种工作或角色呢？

> **示例**

柯蕾特从一家跨国公司转到一家中小型企业

柯蕾特出现在我的事务所时,整个人的精神状态高度紧绷,已然到了过劳的边缘。多年来,她一直是一家跨国公司成功的经理,一路从职员晋升为手下有十几个人的团队领导。到了50岁左右,理所当然地,她终于要实现自己的梦想:成为一家中小企业的首席执行官。

她接受了一项任务,让她在由两名股东组成的董事会的指导下经营一家中小型企业。一开始她兢兢业业,但一年之后,她感觉几乎耗尽了自己,然而却无法找出压力的根源。当我与她一起完成就业指导方法的6个阶段后,她意识到,在自己的职业生涯中,她一直都是通过忠于现有的架构和领导来实现晋升和成功的,而在执行决策时,她对质量和分析十分关注。现在,她却必须得自己管理一家公司,每天要迅速做出五到十个决定,而这些决定又无法用详尽的数字分析来支持。她也无法就这些决策向领导请教,这让她彻夜难眠,不知道自己的抉择是否正确。她做决定的速度越来越慢,因为她总是要等到从数字、法规或者其中一位股东那里找到确定性,才能做出决定。

她发现自己原来对前任高管的果断与远见如此依恋,而这一点在跨国公司中可以得到,但在这家中小企业中却

> 并不存在。她意识到，自己梦寐以求的首席执行官角色与自己真正的才华并不相符。
>
> 经过就业指导之后，她接受了一个在跨国公司担任首席执行官助理的新职务，这让她在退休前重获新生。

在职业生涯的旅途中，你会带上哪些"行李"？

关于通往自己梦想工作之旅的起点和终点，你已经有所思考了——虽然还并不知道这两个点的确切坐标，但你内心的指南针已经重新处于启动状态了。

在确定路线之前，我们有必要反思一下自己目前的起点位置或已有的"行李"。换句话说：我们要来看一看你从父母和祖辈那里继承下来的真实天赋，以及你一路走来所获得的能力。

你今天在职业生涯中所拥有的起点和位置，是一段漫长的人生以及职业旅程的结果。而且不仅仅是你自己的，也包括了你之前的几代人的。那些你从过去或者祖辈那里继承到的"古老"或"真实"的天赋，对你来说可能是理所当然的，但却往往会被其他人——在你自己可能并没有意识的情况下——看作是"出类拔萃"或"令人羡慕"的东西！

> 示例

自行车手埃费内普尔把父母的教导和支持装进了自己的"行李"

　　自行车手雷姆科·埃费内普尔在很小的时候就清楚地知道，自己的身体素质使他能够在体育运动中取得优异的成绩。根据他的父母和（外）祖父母的说法，他在家里很少有能静下来的时候。

　　于是，他们在雷姆科很小的时候就送他去踢球了，好让这个孩子能在足球运动中把自己的能量发泄出来。由于其超乎寻常的耐力，他在青少年时期就得到了诸如安德莱赫特和埃因霍温等顶级俱乐部的青睐。

　　尽管雷姆科的曾祖父曾是自行车赛道上的伟大冠军，他的父亲也曾是职业自行车手，但没有人想到将雷姆科的体能投入自行车运动中。与此同时，雷姆科本人也沉迷于各种可以发挥他超凡耐力的运动：足球、田径。16岁时，他甚至在穿越布鲁塞尔的20公里跑步比赛中跻身前20名，周围可都是一群肯尼亚的职业运动员呢。

　　最终，雷姆科也骑上了自行车，因为足球开始让他感到沮丧。他在家里干脆表示自己再也不想踢足球了。不得不说，从那时起，他的父母全力支持他选择骑自行车。他们开车送他去参加比赛，并且凭借自身的经验和人脉，他

> 找到了合适的教练，好让他在自行车运动中发展自我。
>
> 接下来的事情我们都知道了。2022年，雷姆科以22岁的年纪，不但成为环西班牙自行车赛（一位非常年轻的）冠军，而且还拿下了世界公路自行车赛的冠军。媒体称他为"超级天才"。然而隐藏在这个词背后的却是**几代人的故事**。更何况，雷姆科的超级天赋之所以能够绽放，是因为他也为此进行了极为艰苦的训练。和他所有的队友一样，他也为此过着高度自律的生活。这些能力也是他在不断试错中逐渐培养出来的。

为什么定期经历这些阶段至关重要呢？

大多数在职业生涯中堪称权威或典范的人，比如雷姆科，在到达目的地之前走过的道路或旅程并不都是一帆风顺的。如果你分析一下他们及其父母或祖辈的职业，你很容易就会注意到有一条线贯穿着他们的职业生涯。然而在你自己身上，这条线并不总是那么明显，尤其是在你身处繁忙的工作中，或是对工作心存疑虑的情况下。

这就是为什么我制定了一个包含着**6个阶段**的系统，我的客户必须经历这些阶段，而我现在也想在这本书中与你们一起探讨这6个阶段。**在你的职业生涯中，定期经历这些阶段至关重要。**这将

帮助你回归自我，找回内心的指南针，从而让你做出真实的职业选择，到达那个最适合自己才华的职业目的地。

接下来，我们将通过以下问题提前向你介绍该系统的6个阶段。

> **了解一下这6个阶段**
>
> - 在你的"行李"中，你从自己的祖辈那里继承了哪些**真实天赋**？
> - 在你的职业生涯中，你自己获得了哪些**能力**？你的**阴影面**是什么？
> - 在你的职业生涯中，你所珍视并为你提供动力的**价值观**是什么？
> - 你在职业生涯中的**渴望**是什么？
> - 你在职业生涯中已经取得了哪些**成就**？阻碍你实现目标的最大**障碍**是什么？
> - 你的职业生涯在不断转型。你职业生涯的下一步是什么？你还能在哪些方面有所发展？在哪种工作环境中你会保持动力？

如果雷姆科的父母跟他说（就如同许多人罔顾自己的判断力那样），他应该坚持继续踢球，因为这是他自己选的，那会发生什么呢？如果因为他不适应球队，然后被顶级球队扫地出门，发配到低级别的球队,最终把自己的运动天赋变成了"爱好",那又会怎么样呢?

为什么说雷姆科专注于自行车运动,是一个与其使命和职业目标完全匹配的真实选择呢?从他的职业生涯来看,那是一个长期而真实的故事结果,而在这个故事中,雷姆科所做出的职业选择一直都与本书中的6个阶段相符。正因如此,他的选择才总是与其真正的自我相一致,而他的天赋和人生经验也都包含在他和他的前辈们自创的"行李"中。以雷姆科为例,我将带大家简要了解一下这6个阶段。

阶段1:雷姆科的真实天赋是什么?在无意识的情况下,雷姆科从他的祖辈那里继承了哪些"古老"的天赋呢?当然,排在首位的是他与生俱来的体能,换句话说,是他卓越的耐力和恢复能力。然而,如果没有那些伴随终生、由好几代人所积累起来的知识、经验、毅力和纪律,雷姆科也许就无法以自己的天赋为基础取得真正的成果。他的父母和祖辈教导他,仅仅拥有天赋是不够的。

阶段2:在自己的人生和职业生涯中,雷姆科养成了哪些关键能力?优化能力的第一步是明确他的独特身份、合作偏好和训练风格,这样他才能够得到最佳的激励和支持,进一步发挥自身的优势。雷姆科的父母知道,一支优秀的球队和一个独具慧眼的教练,可以让一切变得不同。除此之外,他们还清楚地知道雷姆科超凡才能的背后有哪些阴影面,从而能够找到可以为这些方面提供针对性支持和补充的同僚。

阶段3：雷姆科重视什么，他的动力又是什么？ 雷姆科的父母非常了解自己的孩子，知道他人生的**价值取向和驱动因素**是什么。他们知道雷姆科有个特点，那就是不管什么事，只要他不能成为这方面的佼佼者，那么他就不会对此保持兴趣。因此，雷姆科从小就懂得，有合适的导师陪伴左右尤为重要，这些导师会尽可能地了解他的价值取向和驱动因素，并在此基础上调整自己的指导风格和激励策略。就这样，作为一名初出茅庐的自行车手，他最终选择的教练实际上是一名马拉松运动员。然而，正是这位教练，根据自己的经验，给予了雷姆科准确的指导，让他能以正确的方式利用极强的毅力和耐力。雷姆科想要在任何事情上都做到最好，这还不够，他还希望每个人都能看到自己相对于其他人有多么大的领先优势。他这种竞争意识正是他最重要的价值取向之一。

阶段4：引领雷姆科职业生涯的重要成就是什么？ 我说的不仅仅是他的成功故事和卓越成绩，也包括他的失败或失望经历，因为从中我们同样可以学到很多东西。哪些失败的经历或成功的经验阻碍了他前进的脚步，抑或推动了他的前进？他错在哪里？就像我前面说过的：雷姆科不但事事都要争第一，而且还得让大家都看见他遥遥领先。这让车队中的对手们对他敬畏有加，但也让他变得不那么受欢迎。在意大利的一次比赛中，他不幸重重地摔倒，被人从峡谷中救出来时奄奄一息，根本没有人相信他还有什么未来。一年后他卷土重来，虽然历经磨难，但从那次的低谷中他获得了**失败力和谨慎**。他不得不再次从零开始，而这让他在

表达自己的雄心壮志时谦虚了不少。也就是说，他还是心怀理想，不过现在的他也考虑到了实现理想所必须要走的漫长道路。他不再认为领先是理所当然的事了。这也让他得到了更多的尊重，不单是他的亲朋好友，还有他的队友和竞争对手。

阶段5：雷姆科目前最迫切的职业渴望是什么，它们与他的期望是否一致？ 23岁的雷姆科依然雄心勃勃，但在制定目标和期望时，他却变得更加谨慎和耐心了。他总是清楚地展现和表达自己的目标和期望，始终对自己和他人都保持着一贯的忠诚。他与团队一起制订了一项具体的成长计划，以便在当前和未来朝着一系列目标前进。因为作为一个能力出众的23岁的年轻人，只要不出意外，会有一连串的成就在前面等着他。除此之外，个人幸福的重要性也被他纳入了自己的职业生活中，最近在制定未来期望时，他对个人幸福的态度是诚实、明确并始终一致的。他与青梅竹马的摩洛哥女孩乌蜜·拉亚内结了婚，这位女孩曾与他上过同一所中学，而且十分乐意把两人的幸福分享给全世界。因此，伴侣和家庭在他的职业道路上也必须拥有一席之地。

阶段6：雷姆科的下一步是什么？什么样的工作环境可以每天为他提供动力？ 摔伤之后那第一次失败的复出让他意识到，他不仅要赢得队友的认可，还要赢得尊重。因此，他调整了自己的态度：比起在比赛中秀肌肉压别人一头，他转而对其他车手表达自己的尊敬。另一方面，他明确选择留在比利时的一个自行车队，因为这支队伍不但为他制订了清晰的发展计划，同时也为他的个人幸福留出了空间。尽管有国外的大金主拿着他目前收入数倍的高价在等着他跳槽，但是他坚定地选择了一个能给他个人幸福提供空间的团队。

学习心得

通过前面的问题和例子你或许已经发现，在目前的工作环境中，你可能并没有办法完全做自己，或者你的某些天赋或技能尚未得到充分发挥。

但如何改变这种状况呢？如何确保自己在将来做出真实的职业选择呢？基于这个目的，我很高兴能带你踏上本书的旅程，并对这6个阶段中的每一个阶段进行更深入挖掘。在每个阶段中，我都将为你提供实际的案例和引人入胜的练习，以便你了解自己的现状，并且告诉你要如何采取行动才能在职业生涯中获得更多的满足感和工作幸福感。

阶段 ①

你从家庭中获得了哪些真实天赋？

在第一阶段，我们要寻找你的真实天赋。这些特质往往是你在不知不觉中从过去、从家庭中带入职业生涯的。就像是你是一个故事的结果，而这个故事早在你出生之前就已经写好了。

要弄清楚你是谁、你的真实天赋是什么，首先意味着要弄清楚你来自哪里，你真正擅长的是什么，什么事情你办得到，什么事情只要你一做或者一说，每个人就会立即相信你，因为你已经完完全全地把它们体现出来了。

为了发掘天赋，我们来做一些练习。

- 首先，**分析你的职业概况**。这决定着你当前在职业生涯中对自己以及对权威所持有的看法和立场。

  第一，了解你是如何看待自己的过去的。你对你父母和祖辈的职业特质是持积极态度还是消极态度？这将决定你究竟是一名稳定者还是影响者。这种了解将会透露出许多信息，比如从本性上而言你会如何对待金钱以及工作。

  第二，看一看你与权威——基于你父母的角色——的关系。这将表明你是一个以人为导向、倾向于建立联结的人，还是一个以任务为导向的人。

- 其次，在完成上一步后，我们就可以在**职业概况**矩阵上为你定位：你到底是稳定者还是影响者；是以任务为导向的人，还是以人际为导向的人，这些都能看得出来。
- 最后，将进行一个**家谱练习**，让你的天赋显露出来。毕竟，你的一些天赋和对工作的看法是从祖辈那里继承来的。你会惊讶地发现，在你的生活中，你有意识或无意识地从他们那里吸收了很多真实天赋。你还会发现，自己所拥有的天赋比你想象的要多得多。这个练习将为你营造出一个安全的、充满天赋潜能的基地，而你可以在今后职业生涯的各个阶段，随时返回这里。

上述内容看起来还是有点陌生吗？那么请继续读下去吧，接下来的内容会将一切都详细解释清楚！

> ### 示例
>
> **尤珂：从自由职业者到创业者**
>
> 　　从28岁起，尤珂就一直以自由职业者的身份为一家拥有一百多名员工的公司工作。一开始，她对作为自由职业者所获得的新鲜与自由感到非常高兴，比如可以自主决定自己的日程安排，自己做主账目和薪水。然而，她一直渴望获得更多的自由，因为每每与权威打交道对她来说都是困难重重。于是，她决定慢慢开始建立自己的品牌和服务范围，为中小型企业的小客户提供服务，这样她就不必再考虑客户类型了。这样一来，她认为自己就将拥有更多的

自主权。

　　大约三年过去了,她的新网站仍然没什么起色,她为自己的品牌所付出的努力也大多以失望告终。当她和我一起拿着放大镜观察她的原生家庭,对她父母和(外)祖父母在工作方面的天赋和信念审视一番后,问题到底出在哪儿就很明显了。她的母亲一直在医疗保健部门从事半职工作,父亲有一份很好的工作,在政府部门担任财务主管。在家里,她总是看到父母按照固定的时间表工作,每个小时都有报酬。父母必须为了工作而付出努力却没有得到报酬的情况,或者他们的工作没有立即就以额外薪水或者福利的形式获得"公正"或"公平"的回报的情况,她从来没有面对过。她多年来为建立自己的品牌而投入的时间和资源,比如支付营销费用、参加活动、给潜在客户打电话或发邮件等,这一切都让她产生了极大的不公平感。由于她每天都要付出大量的时间和精力,还要进行客户开拓,而做了这么多却没有报酬。尽管她已经不再有老板或客户了,但她觉得自己一点都谈不上自由和自洽。在她看来,这种形式的努力所换来的奖励或补偿应该是确定性的,所以事与愿违让她觉得非常"不公平"。过了一段时间以后,当她不得不替一个尚未签署报价单的客户支付停车罚单时,她甚至感到愤怒。渐渐地,她对进一步投资自己的品牌失去了兴趣,反而更愿意作为自由职业者为委托方工作,也更喜欢这种稳定性。

事实上,她已经在不知不觉中内化了父母对工作的看法。在他们的观念中,稳定、经济保障和工作与生活的良好平衡牢牢地占据了重要地位。她也从未听说过父母有过薪资条件上的退步或损失,因为作为雇员,他们已经习惯了那种可预测性——每年工资都会上涨,而且还会被对标物价指数进行调整。

她人际网络和社交媒体中的其他企业家,让她把自己创业的过程理想化了。但她从未看到过其中的阴影面:有时候这些人都要在没有确定回报的情况下,花费数年的时间来为他们的潜在客户努力工作。在薪酬、工作与生活的平衡等职业问题上,与她从家里所认知的工作理念截然不同。因此,她根本不适合创业。

开始反思

也许，你正处于一个不断质疑自己的人生阶段：我到底有没有点什么天赋，不管哪个方面的都行！好吧，请允许我向你保证：我确信，每个人身上的真实天赋都拥有巨大的潜力。我们需要做的，只是鼓起勇气去探索这些来自过去的潜力。通过以下问题，我想让你开始思考一下，就算你还不能详细地回答它们，也不要担心！到了本章结束时，你就会觉得这些问题回答起来容易多了。尽量快速、直观地作答。把在阅读问题时出现在你脑海中的想法立刻写下来！

- 迄今为止，你的职业生涯是什么样子的？你是常常更换工作，还是一切都保持得相对稳定呢？
- 你认为自己身上有哪些来自父母的真实天赋？
  - 哪些是母亲的？
  - 哪些是父亲的？
- 你认为自己身上有哪些来自（外）祖父母的真实天赋？
  - 哪些是外祖父母的？
  - 哪些是祖父母的？
- 你的父母是如何看待工作的？你从他们那里继承了哪些观点（或看法）？
  - 哪些是母亲的？

- 哪些是父亲的？
- 你的（外）祖父母是如何看待工作的？你从他们那里继承了哪些观点（或看法）？
  - 哪些是外祖父母的？
  - 哪些是祖父母的？
- 你如何看待你职业生涯中的领导或权威？你通常是持批评态度还是欣赏态度？
- 你在职业生涯中仰慕过谁？这个人身上的哪些品质吸引了你？

探索你的职业概况

我不知道你会不会这样,但我经常会有这样的情况:我说了或想了什么,然后立刻就会冒出这样的想法——我现在简直跟我妈或者我爸一个样儿!在你是谁这个问题上,亲生父母各自对你负有大约50%的责任,不仅是在生理上,也包括你的职业生涯。毕竟,他们把很多经验、智慧、能量、价值观和教养都打包成"行李"传给了你啊。在你的童年时期,这一切都被你在无意识的情况下彻底地吸收了,你与它们有着千丝万缕的联系,无法分割。

你如何看待自己的父母和(外)祖父母,以及他们传授给你的价值观、观点、天赋和能力,在很大程度上决定着你的**职业概况**。它就是你看待工作的眼镜,也是你看待自己职业生涯和权威的方式。你会在哪些角色中、哪些能力上表现得尤为出色,正是职业概况构成了这一切的基础。在阶段3中,我们将进一步讨论这个话题。

要是你对自己父母的某些方面感到困扰,那就意味着你对自己身上相同的方面也感到困扰,毕竟你是在不知不觉中,无意识

地吸收了他们性格中的某些方面。此外，更有意思的是，你的父母本身又是他们自己的父母——你的祖父母和外祖父母——的一种混合体。不管怎么说，你的祖辈构成了你的基本原生系统，是你属于或曾经属于的第一个群体，也是你学会处理关系和角色的第一个系统。不过，没有什么东西是永恒不变的，而且也没有必要保持永恒不变。毕竟，我们可以进化。你在职业生涯、私人生活和不同群体中的更多人生经验将会影响你的职业视角，使你的观点得以进一步发展。

根据对大约两万名参与者的统计研究，我们发现有两个维度对你当前的职业概况起着决定性的作用。第一个维度决定了你**如何应对变化**，我们将其称为适应性商数（简称AQ）。第二个维度决定了你偏好的工作重点和活动——**是以任务为导向，还是以人际为导向**，我们将其称为注意力焦点（简称AF）。

> **示例**
>
> **雅克是个管道工，他什么都干得越来越出色，却也越来越只能一个人完成工作**
>
> 雅克对自己独立开展业务的职业前景产生了严重的怀疑。他作为一名独立的管道工已经工作了三十年，收入稳定。当然，其中也有妻子的一份功劳，因为客户联系这块是她负责的。于是，当他的妻子因意外事故而丧失工作能

力时，他不得不雇用一个商业助手。两年过去了，他已经试着培训了五名助手（男女都有），但无一例外，他们都在几个月后就辞职了。

当我与他一起了解他的职业概况，探讨他如何看待自己祖辈的职业生涯时，他几乎说不出自己的父母有什么天赋。他的父亲在他很小的时候就离开了家，将他弃之不顾，因此他对父亲知之甚少。雅克的母亲经营着一家咖啡馆，他经常看到她喝得醉醺醺的。他很快就学会了自力更生，也几乎从不奢望从父母那里获得支持，因为他们大多数时候只会让他失望。因此，他没有学会寻求帮助，变成了一个极端的"任务导向型影响者"。他对与他密切合作的人缺乏信任。

把工作从手里交出去对他来说非常艰难，而且就算他这样做了，他也会想"这些家伙肯定什么都不行""还不如自己来呢"。通过在自己的真实天赋以及与父母的关系上有所行动，现在雅克能够在自己身上认识和安置它们，从而为信任他人和欣赏他人的工作创造出越来越多的空间。一旦他了解了自己职业概况的特质和陷阱，他就能够做出诚实的选择，并让自己的公司再度成长。

你如何应对变化?

首先,我想问问**你一般是如何看待过去的**。你是否会将祖辈关于工作的特质和观点理想化,想要保留并延续它们?或是相反,你想通过不同做法来尽量远离他们的观点和特质?

换句话说,你是以**积极的还是消极的、改进的还是批判的方式**,来看待自己祖辈的职业历史呢?毕竟,这对你在职业生涯中的表现有着巨大的意义。了解自己的观点和看法非常有益,这有利于你更好地去平衡它们或者更多地去挑战自我。它还能说明你在生活和事业中如何对待权威和变化。

- 你是否更倾向于看到祖辈职业生涯的光辉一面?这让你感到自豪、惋惜还是怀念?你是否希望尽可能保留和继承他们的天赋和观点?例如,持有这种观点的人会倾向于将家族企业延续到第二代或第三代,并希望尽可能多地保留过去的优点。你还可能倾向于尊重组织中的权威和规则。在职业概况中,这是一个具有稳定者特征的人。

- 你是否更容易看到父母或(外)祖父母过去职业或工作情况的缺点或不足?这时,你会特别想尽快让自己发生改变或取得进步。你还可能会倾向于频繁更换工作或者组织。具有这种职业概况的人就是一名影响者。

让我们回到这一章开头的那些问题。你是能更快速还是更缓慢地回想起父母或(外)祖父母关于工作的才能和看法呢?或者你想到的主要是他们那些令人头痛的特质？

如果你对父母和（外）祖父母的职业生涯持乐观积极的看法，那么你就更可能是一名稳定者。如果你在本章开头的问题中主要看到的是他们的不足，那么你就更可能是一名影响者。

对照清单：你是稳定者还是影响者？

审视你如何看待过去的方式是一件有趣且重要的事情，因为它能让你深入地了解自己在当今的职场环境中如何发挥作用。在反思那些与父母和（外）祖父母有关的问题时，家庭成员的某些阴影面通常也会浮现出来，这些阴影面也存在着积极的一面，但你目前只看到了消极的一面。因为你对父母（也包括祖父母和外祖父母）天赋的评价是负面的，所以你自己也排斥这些天赋。然而，它们在工作中可能对你有很大的附加价值。比如说，你的家庭可能非常混乱且难以预测，而正是因此，你才真切地想要有所不同，想要一直保持有条不紊。而这可能导致你在某种程度上过于刻板，有时无法从混乱中吸取足够的积极因素，尤其是混乱中表现出的创造性。

如果你现在发现自己极度符合某一种职业概况类型，那么就要明白自己在其中是可以成长和进步的。职业概况只是一个阶段的缩影而已。一旦你意识到这一点，你就可以调整自己的方向或找到平衡了。

你是一名稳定者吗？

典型特征：

- 纯粹的稳定者接受并重视尤其是现有的架构和权威。这是他们基本价值观的一部分。

- 稳定者也非常坚定。他们是言行一致的人。此外，他们也很少犯错，因为他们会通过吸取前辈的教训来避免错误。他们的记忆力很好，常常在实践中重复以前学过的知识，因此他们的表现也经常受到表扬。而且当对这些表现有很高的质量要求时，他们也仍然很可靠。

- 他们愿意停留在自己已经驾轻就熟的架构中，这样就肯定不会失败。他们喜欢循规蹈矩，而创新或变革会让他们失去平衡。在极端情况下，稳定者会被过去的架构和思维方式所束缚，导致他们在某些主题上寸步难行或者顽固不化。因此，他们通常很难在工作中实现梦想，做出突然改变或发挥创造力。因为一切都已被现有的架构决定——它们打着老板、组织、情境或是合作伙伴的幌子，而这些因素你不可能轻易摆脱，所以这一切的无法改变就都是它们的错。这听起来可能有些消极或带有指责意味，但我绝对没有这个意思。稳定者只是有时并没有意识到未来是一班列车，只有先上去了才能一起向前，而不是停留在站台上，哪怕那里的风景是如此宁静、舒适和熟悉。

- 稳定者注重**此时此地**熟悉、安全且亲近的事物。他们重视当下的环境和舒适感,无论如何都不想失去它们。因此,在工作环境发生变化或革新时,他们的着眼点是"可能消失的东西""可能出错的地方"或者损失的风险,无论这种损失是人力还是财力上的。那么,当他们不得不做出改变时,变化也会进行得非常缓慢,因为他们会将现在与过去的理想形象进行比较,而过去的理想形象已经不存在了,或者从来就没有存在过。当变化发生时,他们往往会否认或者忽视新的现实,抵制新的人、工作方法或架构。你经常会听到他们说:"是的,但还是以前那样更合理或者更好。"或者,"我不明白为什么现在突然非得改变不可。"稳定者非常重视他们的过去和前辈,甚至将其理想化。他们对过去的事物(通常是略微夸张的)抱有一种信仰或者权威感;对于老旧的架构、权威和观点则抱持着一种(通常也是略微夸张的)尊重。在他们看来,未来永远比不上自己心目中的(通常是理想化的)过去或者当下的形象,这使他们在对待金钱、自身当前的地位、角色或形象,以及人际关系网方面,表现得更加焦虑、保守和谨慎。

你是一名影响者吗？

典型特征：

- 影响者与过去的联系很少，因为他们常常带着痛苦或批判性的眼光回顾过去。因此，他们主要的奋斗目标是在工作场所实现变革或创新。我之所以借用了这个我们对社交媒体上拥有众多粉丝的人的称呼[1]，并非出于偶然。因为就像那些社交媒体明星一样，影响者主要试图创造并影响他们自己的世界。在这种情况下，他们会对一个自己在未来想要建立，但目前还并不存在的理想形象孜孜以求，而大多数情况下所采用的手段却是设立并不总是现实的、可实现的目标。
- 影响者无法安于现状。他们始终渴望新的平衡、新的工作方式或者新的架构。他们通常在当下或过去经历了某种匮乏或挫折，从而产生了这种渴望，不过并不确定当渴望得到满足时，这种匮乏是否会随之消失。简而言之，影响者关注的是今天（还）不存在的东西，他们会不断地看到改善当前情况的可能性。因此，极端影响者常常在持续的不满或不安中挣扎。
- 这种不断追求进步的愿望，自然只会让现状中的欠缺或不足变得更加明显。你也经常听到影响者这样说："我觉得这里

---

[1] 指"influencer"，在本书中被译为"影响者"，在社交媒体领域常常被译为"网红"。

缺少的是……"或者，"可以改进的是……"有时候，他们只是为了改变而改变，原因恰恰在于他们从未认真欣赏过已有的东西。因此，那些在过去积累起来的积极方面或者能力，很容易就会被他们抛弃。实际上，这些人很少会欣赏过去的和现有的事物，什么东西一旦不起作用了，垃圾桶立刻就会变成它的归宿，而不会以任何形式将从中吸取的教训整合起来。由于这种不断的变化，也就很难腾出空间来创建出一个稳固的基础，而经历过了这么多次的变化之后，影响者也显得不再可信或真实了。

- 在尊重或接受权威方面，影响者也会感到困难。他们大多数情况下都希望尽可能少地与权威打交道，因为他们常常以批判的眼光来看待权威。比如说，我们看到的极端影响者会迅速地更换客户或雇主，或是在短时间内兼任多种工作。举例来说，如果在职业层面上，你只关注工作环境中不好的地方，并因此很快就更换工作或者客户，那么你在整合工作经验时往往就会缺乏时间和深度。这无疑会导致你的能力和毅力积累趋于平庸，削弱你的影响力，有时还要为失败焦虑所苦。

总结下来，我们可以提出：

稳定者	影响者
非常尊重或敬畏（理想化的）过去	主要关注（理想化的）未来
最重要的是，不想失去任何东西，并想要坚持现有的工作方式和观点	持续地寻求优化和创新
非常坚定，很少犯错	对于不太有效的事物，不是立即丢弃，就是立即改变
会吸取过去的教训，并且信任权威	很少借鉴过去的经验，并且对权威缺乏信任
"过去什么都更好。" "事情发展得太快了。" "我太多的东西都被夺走了。" "那个我们不会又要改变吧……"	"我觉得这里缺少的是……" "我急需改进的是……" "还不够快。" "如果我们改变这一点，会好得多……"

你更注重任务导向，还是人际导向？

你如何看待父母或祖辈的特质，还表明了你这个人更加看重的是性格中的哪些方面：是任务导向的方面，还是人际导向的方面。如果你在职业生涯中有一个挺钦佩的人，那么你之所以钦佩他，主要是因为他的业绩，还是因为他与他人相处的方式呢？

你对这一章开头那些问题的回答已经初步反映出，你是注重社交（人际导向），还是注重行动（任务导向）。那些你在自己父母或祖辈的身上，或者你在事业上崇拜的人身上看到的东西，通常也是你自己最看重的，因此你会把注意力集中在这些方面。而这些我们在他人和自己身上都非常重视的特质，我们也会迅速把它们向外界展现出来。

- 你对阴性或者关怀型人物[通常是母亲或（外）祖母，不过在一些家庭中也可能是父亲、养父母、继父母]的评价，说明了你对深层关系、关爱和建立关系的重视程度。如果你对自己祖辈中的阴性人物持有积极评价，那么你喜欢用关怀、同理心和联结等特质来实现某些目标。你因此会更加以人际为导向，从而发展出很强的人际交往能力。然而凡事都有两面性，你有时也会过于强烈地依赖他人或外界的意见，这可能会导致你不自觉地使用操纵、讨好或者其他的诱导技巧来赢得他人的喜爱或归属感。

- 你对阳性或者限制型人物[通常是父亲或（外）祖父，不过也可能是母亲，或者是养父母、继父母]的评价，反映了你在行动导向方面的能力——比如设定界限、决断力和取得成就。如果你对这种果决的阳性人物持有积极评价，那么你喜欢用自己的决断力和成就欲来实现某些目标。你因此会更加以任务为导向，会划分出明确的界限，喜欢那些能够被衡量的结果以及竞争。然而凡事都有两面性，你对他人或者集体缺乏信任，过度的竞争会导致你迷恋于展示自己的个人成就。

你欣赏祖辈身上或者你周围环境中的哪些特质？你最重视你祖辈身上的哪些特质？你不但会（过度）发展这些特质，而且还十分愿意向外界展示。而那些你在父母或（外）祖父母那里感到过困扰的特质，你不但会更倾向于在自己身上抑制或隐藏它们，而且还会在自己以及他人身上对它们予以贬低。正如在下文"你在哪种角色中表现最好？"一节中你将会进一步了解，如果你高估了自己和他人身上的这些特质，你就会过多地使用它们。

有哪些特质是你在群体中、自己身上和他人身上过度重视或者严重低估的？在这一点上了解自己会为你创造出平衡自我的空间。你可能会开始注意到自己身上其他的特质，并在你所处的环境中欣赏它们。如果我们的父母或祖父母中的某一个人因为糟糕的经历而具有非常不被认可的以人际为导向的特质，那么我们自己也会抑制或不发展这些特质。我们往往会对这些特质抱持负面评价。举例来说，汤姆的母亲背部受过伤，因此无法工作。她虽然负担了家务，但依然觉得自己没有什么价值，于是开始酗酒。汤姆对此十分反感，并开始把她温和的性格与酗酒行为联系在一起。那些人际导向方面的特质，如关怀、休息、自我调适和交际能力，在他身上不是被压制，就是被束之高阁，因为他将这些特质与母亲因酗酒而表现出的懒散、不负责任的行为联系到一起。

在职业概况矩阵中找到自己的平衡点

现在，我们已经讨论了四种可能的职业概况。现在我们可以确定你在职业概况矩阵上的位置，这样一来，你就可以评估自己是更倾向于稳定型还是影响型，以及是更倾向于任务导向还是人际导向。

你对父母或者其他权威的看法，为你在工作环境中的运作方式提供了重要的洞见。它们构成了找到合适的工作、角色或组织的基础。

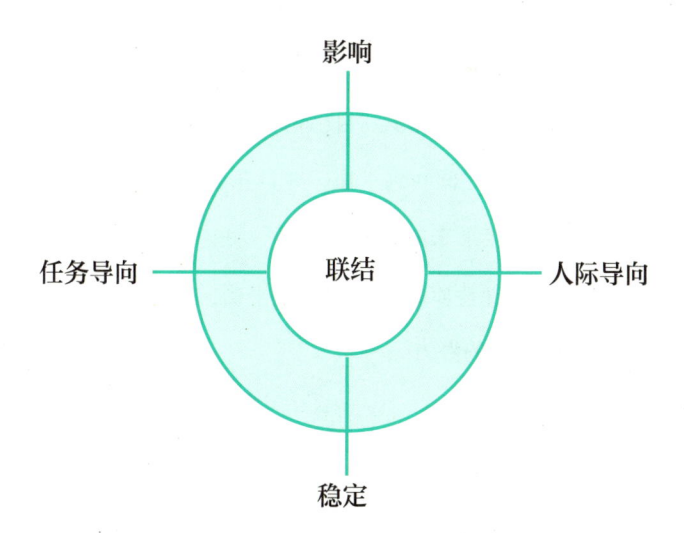

```
            影响
             |
任务导向 ——  联结  —— 人际导向
             |
            稳定
```

你可能已经感觉到，这四种概况中没有一种是真正理想的。

这就对了。实际上，如果我们过度拘泥于这四副"眼镜"或者"视角"中那些极端的方面，我们将永远无法真正在工作中找到满足感，更别提在生活中了。在极端情况下，这四种概况中都存在风险，即对此时此地真正必要的事物视而不见，毕竟它们都是戴着有色眼镜来看待现实的。在极端的形式下，这四者全部都很难与工作环境中的其他部分以及此时此地所需的事物发生联结。不过有的时候，你也会需要这样极端的职业概况，从而使一个群体高度活跃起来，或者是稳定下来。

只有当你在这四种概况之间找到平衡，你才能够以最佳状态与当下的人和情境建立联系。如果你过于极端，那么你就无法建立联系，因为你太过专注于过去的情况（稳定），或是未来的梦想图景（影响）；或者因为你太过于追求个人表现（任务导向）或获得他人的赞赏（人际导向）。

好消息是，一旦我们意识到自己的概况类型或看问题的方式，我们就可以在这四者之间找到平衡，并且在必要的时候调整自己。具体要怎么做呢？接下来的"家谱练习"将让你更深入地了解这一点，并让你在四种特质之间取得更多平衡。此外，这个练习还将揭示你真实天赋中的潜力……

> 示例

英国君主立宪制很好地说明了为什么四大概况之间的平衡如此重要

几十年以来,英国的君主政体都因其强有力的女性领导而备受赞扬。无论是伊丽莎白二世女王还是维多利亚女王,她们都以铁腕以及稳重却疏远的沟通风格而闻名,这让保守的英国人对她们政策的可靠性有了信心。新闻媒体巧妙地确保了其稳定、以任务为导向的特点得到强调和赞扬,而且通常在政治、传统或正式场合中被展示(极其稳定、任务导向)。

然而,从现任国王查尔斯三世与极受欢迎的戴安娜王妃的婚姻之中,作为"公司"[1]的英国王室发现,相较于查尔斯三世冷淡的沟通风格,很大一部分民众更容易被戴安娜这种亲切、融洽和人性化的风格吸引。她去世之后,宫廷明显地展现了其更加人性化的一面,新闻媒体上出现了有关旅行、爱好和家庭生活的图片报道。

王储威廉的妻子凯特·米德尔顿也越来越公开地展现着自己作为一名关爱孩子的母亲(人际导向)的形象,而相对地,前任女王的母性特质在新闻媒体中并未被强调过。

---

1 英国王室有个绰号叫"公司"(the Firm),此称呼于乔治六世时期出现,用以形容王室所负有的公共职责。

哈里王子和他的妻子梅根·马克尔公然背弃王室并反对许多传统的举动，也激发了"公司"的革新（影响）。只有王室中的新一代考虑到更人性化的态度，让个人的自我表达、创造力和创新形式占有一席之地，英国的君主立宪制政体才能继续与英国各阶层民众保持联结。

练习：通过家谱练习发现你的真实天赋

　　是时候干正事了。把你的答案记在"职业护照"上或者电脑上吧。在这个练习中，我将用十分简单的问题来引导你回顾自己的家族史，发现更多关于你的真实天赋和职业概况。

　　在这个练习中，请确保你能发现并说出每一个人的积极面和阴影面。因为在那些你抱有负面评价的事物中，往往隐藏着某个对你而言存在成长潜力的方面或品质，而你的内心可能仍然在压抑或者逃避它们。作为人类，我们都有这种倾向：有时候，相对于"要是我们在某些事情上失败了的话会怎么样"的情况，那种"要是自己在某些地方成功了的话会怎么样"的情况反而会更加令我们感到害怕，因为我们过去在这上面有过负面的经验。无论如何，在这个练习中，将你的祖辈以及你自己的不同方面列举出来并观察，都是非常有趣的。

你的母系	你的父系
• 你的外祖母是谁？ • 你为什么为她感到自豪？ • 她有哪些阴影面？ • 你如何描述她的职业生涯？ 　她如何看待自己的工作？ • 你如何描述她与金钱的关系？ • 她最大的天赋是什么？	• 你的祖母是谁？ • 你为什么为她感到自豪？ • 她有哪些阴影面？ • 你如何描述她的职业生涯？ 　她如何看待自己的工作？ • 你如何描述她与金钱的关系？ • 她最大的天赋是什么？
↓	↓
• 你的外祖父是谁？ • 你为什么为他感到自豪？ • 他有哪些阴影面？ • 你如何描述他的职业生涯？ 　他如何看待自己的工作？ • 你如何描述他与金钱的关系？ • 他最大的天赋是什么？	• 你的祖父是谁？ • 你为什么为他感到自豪？ • 他有哪些阴影面？ • 你如何描述他的职业生涯？ 　他如何看待自己的工作？ • 你如何描述他与金钱的关系？ • 他最大的天赋是什么？
↓	↓
• 你的母亲是谁？ • 你为什么为她感到自豪？ • 她有哪些阴影面？ • 你如何描述她的职业生涯？ 　她如何看待自己的工作？ • 你如何描述她与金钱的关系？ • 她最大的天赋是什么？	• 你的父亲是谁？ • 你为什么为他感到自豪？ • 他有哪些阴影面？ • 你如何描述他的职业生涯？ 　他如何看待自己的工作？ • 你如何描述他与金钱的关系？ • 他最大的天赋是什么？

- 在工作方面,你能从祖辈身上认识到自己的哪些特点?
- 在金钱方面,你能从祖辈身上认识到自己的哪些特点?
- 你从他们那里继承了哪些天赋?
- 你从他们那里继承了哪些阴影面?

关于练习的进一步说明

我将通过以下问题引导你简要完成家谱练习。我们从你的(外)祖父母开始,然后沿着时间线追溯,经过你的父母,最后再到你自己。

我们来看一下那些关于你祖辈(祖父母、外祖父母和父母)的问题吧。

- **用几句话来描述一下他(她)是谁**

这个问题的目的是,让你写下对这个人的了解,以及他(她)的典型特征。你首先想到的是什么呢?

如果这个人仍然在世,而且你对他(她)也很了解,那么这当然就很容易。可要是这个人已经故去,你就不得不依赖别人对他(她)的描述或记忆来回答这个问题。人们或许无法用寥寥几句来概括一个人的特点,但有时一件轶事可能隐藏着一个重要的特征。勇敢地去探究它们吧!

- 你为什么为他（她）感到骄傲？或者你欣赏他（她）的哪些方面？

这个问题还挺难的，因为我们可能更容易记住负面的事情或问题，而不是与某个人相处的正面特点或经历。或者情况刚好相反，于是我们的印象又变得过于正面了。但是，没有什么人或事是绝对坏的、邪恶的或善良的。或许你并不能立刻发现某人积极的一面，但也许其他人确实有积极的故事要讲呢。或者，在你的记忆中，某个人是非常正面的，而其他人对他（她）的故事的感受却截然不同。去观察它们，研究一下，你是如何以及何时看到或感受到他的这种品质的。**通过这种方式，你也会了解自己是如何看待自己职业生涯中的成功或失败的。**

- 你认为他（她）有哪些阴影面？

对一个人的判断和看法自然会受到个人经历、故事或认知的影响。因此，也许你对某人的印象是正面的，但可能在你的家人看来，他（她）的个性有着非常不同的一面。把这些列出来也无妨，因为即使是一个人个性中的阴影面也能给人启发。或许它指向了被抑制的特质、特征或天赋也说不定。我们很乐意再重复一遍：没有人是一成不变的坏人或好人。人身上的每个阴影面都会有它光明的一面，反之亦然。因为你或其他人认为你（父母）在这些方面有过负面经历，所以你经常会压制自己这些方面的特质（把它们积极的一面也一并压抑了）。

- **你如何描述他（她）的职业生涯？**

我们谈论的是一个自认为事业成功的人，还是一个经历过挫折因而事业坎坷的人呢？周围的人是如何评价他（她）的职业生涯的？他（她）是一个因为自身的潜力没有得到充分挖掘或回报而感到沮丧的人，还是相反，他（她）充分利用了各种机会？这个人是如何对待工作的，又是如何看待工作的？

- **你如何描述他（她）与金钱的关系？**

他（她）是个钱总是够花的人，还是个总是处在财务危机中的人？他（她）认为钱重要吗？他（她）是个节俭的人，会考虑为未来购买重要物品或进行重要投资，还是因为害怕不可预知的挫折而不敢乱花钱的人？影响者型的人可以通过他们对创造利润和倍增资源的巨大偏好来识别。而稳定者型的人一般而言则会非常节俭，他们更加愿意紧紧抓住现有的资源，他们生活在失去现有一切的巨大恐惧中。

- **他（她）最大的天赋是什么？**

他（她）擅长哪些活动？他（她）喜欢做什么，一做就好几个小时，或者在哪些地方常常被其他人叫来帮忙？这不一定非得是职业活动。也许你现在想到的这个人之所以被人喜欢，仅仅是因为他（她）在自然漫步时知道所有鸟类的名字，或者因为他（她）跳舞跳得很好……

学习心得

你觉得这个练习难吗？或许你想得太深了，或许你缺乏灵感，又或许你已经注意到，用几句话或几个关键词来概括一个人并不那么容易。

首先，我很好奇你在父母和（外）祖父母身上发现的**真实天赋**拥有什么潜力。因为这些天赋有很大机会也隐藏在你的潜能中。为了合理地组织你的思考，请你再简短回答几个问题：

- 你从父母和（外）祖父母那里继承的最重要的天赋是什么？请列出5～10个。
- 做这项练习之前，你意识到了哪些天赋？
- 做这项练习之前，你没有意识到哪些天赋？
- 你从父母和（外）祖父母那里继承的最重要的阴影面是什么？请列出5个。
- 这些阴影面中各有着什么样的天赋或优点呢？

如果你已经详细地回答了上述问题，那么通常情况下，你已经创造出了一片天赋沃土。让这片土壤成为你职业生涯中的安全家园，在你需要做出职业抉择的时候，可以定期回到这里。

其次，我也很想知道，你有没有注意到**自己是如何看待父母和（外）祖父母的**。毕竟，这对你目前的职业概况有很大的启发。

- 你对父母和（外）祖父母职业生涯的看法是过于积极（稳定

者）还是过于挑剔（影响者）？

- 你觉得表述阴影面非常容易（影响者）还是相对困难（稳定者）？
- 在职业方面，你的父母或（外）祖父母中有没有哪个人是你过分敬仰的？你是因为哪些特质而敬仰他（她）呢？这些特质更偏向于任务导向，还是更偏向于人际导向？
- 在你的父母或（外）祖父母中，有没有哪个人是你看不起或者是有所批判的？这又是因为哪些特质呢？这些特质更偏向于任务导向，还是更偏向于人际导向？

> **在父母或（外）祖父母过早缺席的情况下……**
>
> 我在实践中发现，那些在意想不到的情况下过早地消失、离开或者过世的父母或祖辈，他们的特质和观点常常会被家庭成员过分地理想化或者负面化。在你完成这项练习后，可以通过自己的社交网络寻求更多关于他们在工作方面的天赋和观点，也不失为好事一桩。

回答完上述问题后，通常情况下你就能在下方图表中清楚地找到自己的位置。现在，**在那条"人际导向"和"任务导向"的横轴上，以及那条代表"影响者"和"稳定者"的纵轴上，你可以将自己定位出来了**。这种了解会让你更接近你的真实自我，也就是你在职场中的本色。

```
        影响
         │
任务导向 ── 联结 ── 人际导向
         │
        稳定
```

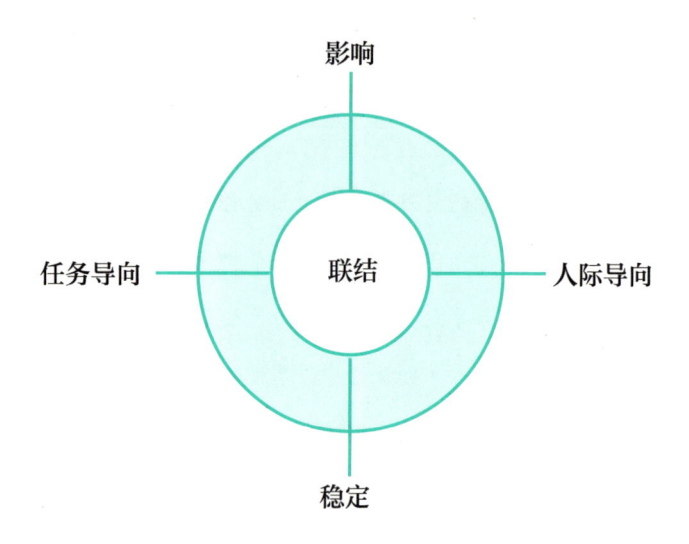

纵轴 = 适应性商数（AQ），横轴 = 注意力焦点（AF）

这样你就能发现自己处在**这四个象限中的哪一个**了。

- 你是任务导向的影响者？
- 你是人际导向的影响者？
- 你是任务导向的稳定者？
- 你是人际导向的稳定者？

无论是你的能力（阶段2）还是价值观（阶段3），我们都可以把它们放在你的职业概况图中。事实上，根据你在图上的位置，你将会发展出不同的价值观和能力。你的职业概况构成了那些你最出色的角色和能力的基础。这一点我们将在阶段3中深入探讨。

阶段 ②

你自己获得了哪些能力？

在上一阶段中，你可以发现自己从父母、（外）祖父母那里继承了哪些真实的潜能，而你一直在无意识的情况下将这些潜能融入你的职业生涯。

在本阶段中，**我们将重点关注你自己掌握的所有能力或技能**。我们关注的是，你迄今为止已经扮演过的角色，而至于你将来想要成为的角色，我们暂且先放一放。为了弄清这一点，我们将进行一个实用的时间轴练习，从你出生到十八岁，再从十八岁到现在。这会让你深入了解自己在哪些独特的能力组合中有出色表现！

开始反思

在本章以及练习之后,你可能会发现以下问题更容易回答。不过,将你的初步想法记录在笔记本上或电脑上也是一件有趣的事。

- 你在童年时期,培养了**哪三种关键能力**?比如,你是否参加过青少年团体运动,并从中学会团队合作?或者因为你是家里最小的孩子,所以学会了自信和独断?

- 你在职业生涯中(从第一次工作开始)培养了**哪三种关键能力**?

- 在你的一生中,你在各个群体中(原生家庭、朋友群体等等)扮演最多的**角色**是什么?

- 在你的生活和职业中,你曾**遇到过哪些困境**?比如健康、父母离异、学业不佳等等。

- 在当前的时事中,你关注**哪些话题**?比如政治、教育、健康、足球、旅行……

- 与同龄人相比,你的职业**有什么独特或特殊之处**?通常情况下,当你将自己与最接近的同行进行比较时,你的职业背景中会有一些与众不同或非典型的东西。比如,一位曾经学过法国文学的荷兰语文案撰稿人,或者是一位拥有法律背景的护士。

为什么发现你所获得的能力十分重要？

- 一旦你更好地意识到了自己在过去的工作经历、教育、成长经历和业余爱好中培养了哪些能力，将有助于你更有意识地思考自己**独特的优势组合**，并且确保你在职业生涯中做出更好的选择。你可以更好地寻找与你所积累的能力、你所能做的事情相匹配的工作。你也会更加了解自己的潜力。

- 这会确保你对自己的职业抱有**切实可行的渴望和期望**，从而做出切实可行且适当的工作选择。它们也将更符合你的职业发展目标。这是因为，一份工作可能因为薪水或是额外福利而显得极具吸引力，然而如果一个职位或团队不符合你的真实身份以及你在生活中形成的独特能力组合，那么失望很快就会降临，随之而来的可能还有完美主义、失败焦虑或者冒名顶替综合征。

- 有意识地选择与你的独特能力组合相匹配的工作、任务或公司，是**增强自信心**的绝佳基础，因为这样的选择将使你在工作中变得可信。如果你知道一个职位的要求与你在工作中的身份完全符合，那么就没有人会怀疑你是否能够胜任这个职位。

- 你还会发现自己的**独特卖点**，也就是那些让你在雇主、客户或者顾客面前显得真正独一无二的能力。当你审视自己的职业生涯时，你会发现，自己有时反而会忽略这些方面。

- 有时，你会自然而然地意识到**自己职业生涯中的下一个目标**是什么。你会发现，如果你已经规划好了迄今为止所走过的道路，那么你很快就会知道该朝哪个方向前进才能到达下一个目的地。

- 通过发现自己在职业生涯中的真实身份，你还会发现自己的**人际网络比想象的要广阔得多**。毕竟，你曾经与许多人（来自你的过去、你所受的教育或以前的工作）有过合作，而这些人对你的未来计划可能仍然具有重大的意义。

示例

作为一名教师，戴夫担心自己无法在职业中取得进展

在职业生涯的前12年中，戴夫是一名中学教师，在学生中以其耐心的沟通风格以及富有创造性和条理性的课程而闻名。然而在35岁时，他还是感到自己需要职业指导，因为他希望自己的工作更加丰富多彩，而且他所在的学区内晋升机会也很有限。就像我许多来自教育领域的客户一样，他也在挣扎，他认为自己在教育行业之外几乎没有任何机会，

> 而且受限于他之前在教育领域内的训练和经验,他注定永远都只能当个老师。
>
> 当我们绘制出他的人生年表,理清他所发展的能力,我们可以清楚地看到:他身上的那种为他人组织和解释信息的耐心,是他在社交生活以及各种创新领域中巨大的财富。而他对数字化和信息处理的热情,也使他适合在信息技术、咨询和销售等领域担任各种职务。
>
> 在费尽周折地权衡了他从未听说过的私人企业的所有新工作选择后,他成为一家专注于人力资源信息技术创业公司的团队领导,如今的他正不断地为团队提供新的数字化程序和工作方法方面的培训。他在教育中发展出来的耐心和循序渐进的教学方法,在新的工作环境中每天都能派上用场。

到目前为止,你获得了哪些能力?

你的身份从出生时就已经形成,或者根据某些观点,甚至可能从你还在子宫里的时候就已经形成。这么一来,正如你在前一阶段中所发现的,你从祖辈和环境中获得了很多东西。

然而除此之外,你的生活中还会发生很多事情,让你从中吸取教训,或显现你的人格或个性。有些事件能**激发**你的天赋和能力,而另一些情况,你则宁愿越快忘掉越好,因为它们意味着**痛**

苦或负面。听到某个群体、某个组织、某个领域、某份工作或者某次晋升"并不适合你"的说法绝对不会令人愉快，毕竟你可能本来很想要得到那份工作或者加入那个群体——因为乍一看，这一切都非常吸引人。

话虽如此，职业领域中的拒绝却总是包含着非常有意思的信息。如果你在一个群体中被拒绝，其实通常是因为当时你对特定工作或文化所需的某些才能或能力拥有得太少或太多。这说明了你不是谁，但也相应地说明了你是谁。

举个例子，一家新成立的IT公司拒绝某人担任高管职务，因为他不够创新和灵活，无法应对快速的技术变革。这意味着，他"创新能力不强"以及"缺乏灵活性"，因而可能影响力不足。不过这也意味着他拥有与创新性和灵活性相反的特质，即严谨、稳定和结构性。他是被人拒绝了没错，但正是通过这次拒绝，他意识到：自己可能非常适合在一个结构严谨的大型企业中担任管理职务，以及在一个比初创IT公司更为稳定的行业中担任领导职务。

你的阴影面有哪些？

阴影面指的是那些你拥有的，却在你的生活中学会了**隐藏、抑制或掩饰**的特质。由于你自己否定了它们，或者学会了以否定的眼光来看待它们（通常是受原生家庭、文化和价值观的影响），你会压抑它们，甚至忘记它们，或者几乎不再发展或很少发展。

每个特质都有其阳光的一面,但如果过分夸大,任何特质都有可能变得负面。举例来说,如果你做得太过头,那么善于设定界限就会变成顽固或傲慢。通常,我们之所以在某个方面会做过头,是因为我们过去曾因此受到过赞赏,所以才会在再次渴望赞赏的时候去过度地应用这些特质,然而它们在那一刻却**并不合适**。

因为我们有时会过分追求一些特质,或者又因为我们周围的人过分追求一些特质,我们便会对自己和他人身上的特定特质做出负面评价。我们把它们藏在自己的阴影中压抑起来,不幸的是,这导致我们忽视了这些特质的积极面。因此,所谓的"阴影面"并不一定是负面的,而是指我们为了他人的看法选择隐藏或压抑的特质。

示例

在父母离异后,汤姆发展出了他最独特的能力

汤姆曾经在一家知名的IT公司担任高级软件开发人员。他拿着丰厚的薪水,但却被一种"就这样了吗"的感觉困扰着。

他来到了我的就业指导公司,想知道自己真正的长处和激情所在。通过对他童年时间轴的整理,我们发现他的父母在他四岁的时候开始争吵离婚,过程激烈,而他则饱受其苦。

由于他的父母永远都在针尖对麦芒,这种艰难的处境

> 让他学会了在相互冲突的需求和规则之间进行调解。通过将这种痛苦的情况视为力量源泉，他意识到自己在工作中最大的价值在于整合和协调系统。
>
> 在工作环境中，如果有两个或者更多的系统需要整合，而当他需要将多方人士或者部门的需求汇总到一个系统时，他就会表现得很出色。因此，他决定以独立顾问的身份继续自己的职业生涯，专攻企业在合并或收购中的IT整合问题，负责将不同的结构和系统融合在一起。
>
> 从那时起，他便一直寻找那些处于合并或收购阶段的客户，因为在这样的工作环境中，他的天赋和能力才能够发挥得淋漓尽致。

你在哪种角色中表现最好？

你与父母的关系，乃至你与整个家庭系统的关系，对今天的你，包括你的职业生涯来说依然很重要。因为这些家庭关系是你在职场上建立各种角色或关系的基础。

如果你是家里的老大，那么情况就与你是家里的老小很不一样。你在家庭中的"位置"很大程度上决定了你成年后会成为什么样的人，或者你认为自己应该成为谁。除此之外，通过在家庭系统中扮演某种特定的角色或处于某种位置，你也培养了某些天赋和能力，而它们在你今后的职业生涯中往往会派上用场。

大多数情况下，你发展出来的是你必须扮演的角色的特质，因为你在这个角色中凭借这些特质受到了赞赏和关注。所以你继续扮演着这个角色。然而有的时候，你过度投入到这个角色的特质中，会导致你过度发展了这些特质。

例如，如果你是家中的长子或长女，常常都要为弟弟妹妹负起责任，那么在你的职业生涯里，你可能会在组织中承担很多责任。作为家中的老大，你经常要照顾年幼的弟弟妹妹。此外，如果有什么事需要谁"第一个"去尝试，你可能根本不会犹豫；或者说，你已经很好地掌握了发起新计划的能力。然而，家庭中的某个特定角色也有两面性。有时，你可能因为扮演"负责任"的角色而过度发展了自己的某些特质，从而过度承担责任。比如，你可能会承担同事们推卸掉的很多责任。

另一个例子是反抗者的角色。一个人之所以成长为一名反抗者，往往是因为他感觉在家庭中不被看到或者不被认可。反抗者常常在不自觉中充当着吹哨人的角色，揭示出那些不可以被人见到的，或者恰恰是必须被人见到的问题。他使有争议的话题显露出来，或就此引发讨论，因为他如果不这样，就会觉得自己是个无用的透明人。通过这一角色，反抗者常常会发展出诸如批判性沟通力、勇气和创造力等能力。这些能力通常在需要为某些主题获得关注或知名度的行业或角色中发挥作用。因此，在广告公司、政治团体或致力于对抗不公正现象的非政府组织中，这种类型的人能很好地发挥其潜力。

而当一名反抗者开始发现,通过扮演这种(有时是吃力不讨好的)角色,或者通过偏离家庭内部的规范和价值观,自己可以在短期内获得最多的关注或赞赏时,他就会在群体中或是向外界过度地展示"引起关注""进行讨论""提出批评"或"被看见"的能力。因此,反抗者有时候会沉迷于"引发讨论"或"被看见",并经常越过自己和他人的界限。这最终会对反抗者不利。他的行为变成了自我毁灭,因为从长远上来说,他往往不会从那些符合现行价值观和制度规范的人那里得到同样的尊重或赞赏。英国王室的哈里王子就是一个很好的例子。

一个人扮演了某种角色,并因其受到了赞扬,这自然可以对他产生积极影响,但如果他(因为这种赞扬)在这个角色里用力过猛,反而会产生消极影响。当一个人开始自己的职业生涯时,这些特质往往会迅速破壳而出,发展成真正的才能。然而当一个人开始夸大这些特质时,它们往往也会反过来对这个人不利。他对这些特质的展示远远超过了他的个人成长或职业发展的实际需求。同样,对这一角色和这些能力的认识是使其尽可能发挥优势的最佳秘诀。

> 示例

菲利普·霍博尔斯仍然在扮演着他在童年时代学到的角色

无论是在荷兰还是在比利时,菲利普·霍博尔斯都是媒体口中最平易近人的单口喜剧演员之一。

在他3岁左右,他的妈妈雅妮娜因感染了致命的病毒而去世。在这场巨大的家庭悲剧中,他试图以扮演一个搞笑角色的方式来让自己不被击垮:在哀悼期间,他总是那个为大家带来欢快和关心的人。

他的父亲是多位艺术家的经纪人,不久后便带着他去观看了比利时艺术家的夏季演出。小菲利普很快便意识到,要想赢得父亲的认可,他自己也必须登上舞台。因此,他最终以他一生所扮演的角色站在舞台上也就不足为奇了:作为一名单口喜剧演员,用幽默的方式去应对情感沉重的场面。除此之外,在像《禁忌》这样的(比利时)电视节目中,他用幽默和客观的方式,把一些通常难以公开讨论的敏感话题,比如自闭症、外貌引人注目、成瘾等,搬到了台前,让这些话题变得更容易讨论。

练习：在职业生涯中你是谁？

在这个练习中，我们将回顾你人生的时间轴，以发现你在人生道路上都形成了**哪些独特的能力组合**。这个练习包含了两部分：第一部分涵盖了你生命中的前18年，第二部分则深入探讨你18岁之后的所有年份。你将清楚地了解自己在人生不同阶段的真实写照、最突出的能力以及阴影面。

第一部分
你生命最初18年的时间轴

从出生到6岁

- **你的性格特点是什么？**

在生命之初，你可能还不太清楚这一点。在这种情况下，也可以换一种提问方式，"其他人是如何描述你小时候的性格的？"

- **你有几个兄弟姐妹？在他们中间，你与他们的关系如何？**

家庭是你从小学习建立和维持人际关系的基础。因此，了解你家里有多少同等地位的人非常重要。也许还应该了解是否有兄弟姐妹早逝，甚至是否有早产儿。因为这可能会影响你在家庭群体中的地位。

- **你如何看待自己的兄弟姐妹？他们又是如何看待你的？**

这对你的自我认知和选择有着巨大的影响。比如，我的爸爸和妈妈都是家中的第五个孩子。于是，他们都有四个好为人师的哥哥姐姐。到了职业生涯中，在对待那些原则上与他们处于平等地位的人时，他们两个人也常常都会把自己定位为服务人家的下属。

- **你在家庭中扮演什么角色？**

家庭实际上是一群人的集合，他们自动扮演某些职位、角色或特质。每个家庭中都有谐星、反抗者、反领导者、外交家、勤劳者、养育者和人来疯等等。看看你扮演了什么角色，你的其他家庭成员扮演了什么角色。试试看用一两个词来描述他们。你有哪些贡献或价值得到了家庭成员的赞赏或认可？

- **你喜欢玩什么游戏？**

你可以在什么事情上花费几个小时，而你又从中体会到了什么样的乐趣呢？你主要是喜欢赢，还是更加享受与他人在一起的时光？

- **你有哪些爱好？**

你是否每周都有一项固定的活动？你是和谁一起做的（是一群人，还是自己一个人）？你最喜欢这项活动中的什么？

- **你的朋友都是什么人？**

你有多少朋友？你是更倾向于有一个固定的朋友团体，还是更喜欢独自或是两个人一起玩？你在朋友中扮演什么角色？

- **这一时期内发生的最具影响力的事件是什么？**

在你的记忆中，这一时期最美好的时刻和最痛苦的事件是什么？它们对你的性格产生了哪些影响？

- 在此期间，你培养了哪些能力？

回顾一下汤姆的例子（详见第71页），他在父母离异后学会了调解和协调人们的需求，从而让身为IT顾问的他，成为一名在企业合并中进行系统整合的专家。

从6岁到12岁

- **你的小学过得怎么样？**

你上的学校管理严格吗？你觉得规则困扰过你吗？你能很好地掌握课程内容吗？你与老师们的关系如何？你喜欢哪些科目？不喜欢哪些科目？

- 你是否已经有了想从事的理想工作？
- 你喜欢哪些活动和爱好？不喜欢哪些？
- 你在朋友中扮演什么角色？你的朋友是多还是少？你喜欢独处，还是喜欢和几个人或者一大群人在一起？
- 这一时期内发生的最具影响力的事件是什么？

在你的记忆中，这一时期最美好的时刻和最痛苦的事件是什么？它们对你的性格产生了哪些影响？

- 在此期间，你培养了哪些能力？

从12岁到18岁

- 有没有哪些项目或任务是你可以全身心投入的?
- 你学了某个特定的专业吗?你为什么会做出这样的选择?是你自己选择的吗?
- 你在朋友中扮演什么角色?你的朋友是多还是少?
- 你喜欢独处,还是喜欢和几个人或者一大群人在一起?
- 你与权威人物的关系如何?你如何处理父母设定的界限?你又如何处理老师或者其他权威人物所设定的界限?
- 你崇拜谁,为什么?你愿意向谁学习?
- 你"之后"想成为谁或成为什么?
- 在这一时期内发生的最具影响力的事件是什么?

在你的记忆中,这一时期最美好的时刻和最痛苦的事件是什么?它们对你的性格产生了哪些影响?

- 在此期间,你培养了哪些能力?

完成这个练习的第一部分后,你最好先稍稍休息一下。如果你花点时间把自己的生活一条一条地(字面意义)整理出来,会有很多回忆涌上心头。当你意识到童年甚至幼年时期的经历可能对你产生深远且决定性的影响,这既是一种解脱,同时也是一种令人不安的面对。

因此，请放松喘口气，去散散步，甚至是先睡一觉，然后再开始练习的第二部分。当然，你也可以先把所有的想法写下来，再与专业的职业规划师分享。当你听到自己在说什么时，就会发现其中的规律。因此，为了让别人也听听看，最好是选择一位在你的故事中并不会发表评论、批评或意见的专业人士，还要选择一个对你的人生故事了解得越少越好的人。

第二部分

你的职业生涯时间轴（18岁以后）

- **你的第一份工作经历是什么样的?**

1. 你在什么样的组织或团队中工作?
2. 你具体担任什么角色?
3. 你的工作职责是什么?
4. 你认为这个工作、团队或者组织的积极方面有哪些?
5. 你认为这个工作、团队或者组织的消极方面有哪些?
6. 你崇拜谁?
7. 在此期间，你曾因为哪些品质而受到过赞赏或表扬?
8. 在此期间，你曾因为哪些品质而受到过否定或排斥?
9. 在此期间，你的下一步愿望是什么?
10. 这份工作对你的人格有什么影响？你学到了什么?

- **你的第二份工作经历是什么样的？** *

1. 你是在什么样的组织或团队中工作的？
2. 你具体担任什么角色？
3. 你的工作职责是什么？
4. 你认为这个工作、团队或者组织的积极方面有哪些？
5. 你认为这个工作、团队或者组织的消极方面有哪些？
6. 你崇拜谁？
7. 在此期间，你曾因为哪些品质而受到过赞赏或表扬？
8. 在此期间，你曾因为哪些品质而受到过否定或排斥？
9. 在此期间，你的下一步愿望是什么？
10. 通过这份工作，你在个人成长上经历了哪些变化？你学到了什么？

*这些问题也可以用于后续的工作经历（如果有的话）。

在完成这个练习后,如果你回顾一下自己的整个时间轴,你就会发现某些答案不断地重复出现。某些人生主题、角色和能力实际上构成了你人生道路的主线。在你的时间轴上把它们用一种颜色标出来吧。

学习心得

在练习过程中,你们发现了自己迄今为止通过兴趣爱好、学校或家庭培养的**独特的能力组合**。你还发现了自己的阴影面,即自己有时羞于启齿或不被周围人认可的方面或特质,这是最令人痛苦的。

你常常不得不压抑自己的某些特质或能力,然而这些特质也会为你带来巨大的收获。如果你能让它们重新浮出水面,并在生活中占有一席之地,你就会成为一个更加完整的人,你的职业潜力也会随之增加。

举个例子,凯特小时候很擅长画画。她可以花几个小时专注于她的画作,变得非常平静。她的原生家庭十分忙碌——因为她的父母经营着一家商店,每天都有上百人进进出出,她不得不压抑自己的绘画才华。通过这个时间轴练习,她意识到自己有多么怀念那种在安静中全神贯注创作的忙碌状态。虽然这些特质在她作为销售经理的主要工作上无法得到真正的发挥,但她还是决定每周去上一次绘画课,让自己的创造力在生活中占有一席之地。

上了几个月绘画课之后,她明显感觉自己的生活更加平衡了。这就是一个典型的例子,一个阴影面被我们重新点亮并在自己的生活中为它赋予了空间。

把你最重要的能力补充到自己的"职业护照"中吧。

阶段 ③

你的价值观是什么?

在上一个阶段，我们重点关注了你这一路上所获得的能力。

现在，我们来谈谈价值观。重要的是，你的价值观要与你工作环境中的价值观相匹配。

你的价值观决定了你认为生活和事业中什么是最重要的。当你的价值观得到满足时，你也会感到自己更有价值，反之亦然。喜悦、愉快、烦恼或愤怒等情绪通常会表明你重视什么或不重视什么。

我们每个人的内心都蕴含着一套独特的价值观，同时也会将这些价值观传递到外部世界。因此，清楚地认识自己的价值观非常重要，它们会让你在每天的工作和工作环境中感受到自己的价值和动力。

但发现自己的价值观并非易事，因为你往往需要从更深层次上区分内在价值和外在价值。除此之外，你还很容易受到其他人的价值观的影响。这也是为什么我们会在练习中详尽探讨这一点。

开始反思

首先来回答几个问题，然后进一步思考。

- 你认为与什么样的人共事最轻松？你欣赏他们身上哪些特质？
- 在工作中，你更喜欢得到哪些赞美？这些赞美能给你带来什么？
- 在工作中，你最希望得到怎样的回报？在这方面，什么对你最重要？

这个练习进行得怎么样了？你注意到这些问题是如何促使你去思考自己的价值观，以及别人如何做才能最有效地支持你吗？

你的价值观是什么?

该如何解读你的价值观呢?我们将其分为3个层次。

1.通过探索什么让你感到非常快乐,以及什么会引发你最强烈的愤怒和烦恼,我们将**深入了解你最为强烈的情绪**。"情绪"这个词来源于拉丁语中的"emovere",意思是"移动"或者"驱动"。在你最强烈的情绪中,你会发现是什么打动了你,是什么驱使着你,是什么**让你珍视和重视你的生活**。为了探索你的情绪,请思考以下问题。

- 什么会让你非常快乐?对你来说,这样的东西为何如此重要?
- 什么会让你非常愤怒?是其中的哪个方面让你如此愤怒?

关于这些问题,你的直觉反应会让你初步**了解自己的价值观**,以及自己心目中什么是最重要的,什么是最不重要的。这两个方面同等重要:你认为最不重要的价值观和你认为非常重要的价值观都能说明你的情况。

2.通过书中测试或询问身边的人,**深化你对自己最高价值的了解**。知道哪些价值对你来说意义重大,了解怎样做才会让你在工作中获得最大的酬报(所谓"驱动因素")。你将在阶段6中读到更多这方面的信息。

3.在自己的价值列表中**把那些你最内在的价值区分出来**。

你的**内在价值**来自你的**无条件自我**。这些价值是你实际上无法修饰、调整、隐藏甚至压抑的。无论别人有没有对你设定条件或者给予赞赏，你始终都在表现或散发着它们。它们就在那里。这些内在价值有时候会很难与你的其他价值区分开来，毕竟父母和周围的环境将某些价值赋予了你，或者对你身上的某些价值十分重视，而你则会深受它们的影响。举例来说，如果你是一个一直精力充沛、生龙活虎的人，那么这一点就是无法隐藏的。也许在过去的某些环境中（比如在学校里）你必须掩藏这一点，但最后那股能量也仍然会在那里。所以它还是会带给你朝气和热情，尽管它可能被你自己或者周围的环境拒绝、压抑或评判过。

你可以通过下面的问题来确认自己最深刻的内在价值。尽量不要思考太长时间，想到什么就立刻写下来吧！

- 无论外界是否认可你的存在，但你只要存在，就能为你所处的环境带来哪些价值？
- 向你的同事、朋友或家人了解一下，如果某些事情上缺了你，他们会错过什么？
- 在你的生活中，有哪些事情或价值观是你反复争取的，即使其他人都不赞成？
- 你曾经不得不在自己身上压抑或者隐藏过哪些价值观？它们就是你的禁忌价值观。在本阶段的最后一个练习中将进一步讨论它们。
- 如果你中了彩票，你会继续做什么工作，即使你并不再需要这份工资？
- 在你度假或者休息的时候，你还会继续或帮助他人做什么？

• 如果你因病在家，你还会继续为周围的人或同事做些什么？

你的**外在价值来自有条件的自我**。它是你出于各种原因（成长环境、他人对你的赞赏、你在群体中的角色等等）而遵从的外部世界的价值观。外在价值观分为两类：你无法满足的条件和价值，以及你的驱动性条件和价值。

◆ **首先是你无法满足的条件和价值。这些是你的家庭或群体要求你必须满足，然而从长远来看，你却无法一直满足或坚持下去的条件和价值。** 为了融入集体，你伪装了自己的哪一部分？你知道的："装着装着就成功了"[1]。只是你就是做不到。需要明确的是，要想让自己去适应，总有些事是你必须做的，这是在这个世界中生存的必要条件。但在这里，我们谈论的是更大范围的、长远来看难以为继的调整，因为它们真的并不适合你。哪些条件是你仍然经常想满足却徒劳无功的？为了在自己身上发现它们，你最好停下来思考一下下面的两个问题：

• **你觉得自己应该成为谁，但又永远无法成为谁？** 这里面有时也包括那些并不总是现实的或者可以实现的抱负（"我想成为跨国公司的首席执行官""我想成为一名事业女性""我想成为一个大企业家""我想成为四个孩子的母亲"）。

---

1 这里的"装着装着就成功了（fake it till you make it）"是一句英文格言，意思是通过假装拥有自信、能力和乐观的心态，一个人就可以在现实生活中慢慢拥有这些品质，并取得他所追求的结果。

- **你想要和哪些偶像、榜样或者是典范人物一样，但很遗憾未能如愿呢？** 你确实可以在短时间且有限的范围内模仿某个你所敬仰的人的行为，或者通过调整自己来符合某个人的价值观和条件，但从长远来看，这样做是行不通的。不仅如此，由于你把所有的注意力全都放在了模仿或满足他人的价值观和条件上，你自己的价值反而会丢失。在别人的价值中，你永远也不可能成为佼佼者，做到出类拔萃。许多受到神经语言程式启发的教练会通过激发身份认同或模仿行为来进行"模式化"训练。每一天，他们都用大师向自己耳语过的真言来激励自己，并且通过将其表现出来的方式，向宇宙[1]要求获得与榜样相同的能力、才华和价值观……这本身倒没什么，不过这么做的时候尤其不要忘了自己的背景、能力、价值观和生活方式。受到某人的启发，与盲目支付数万欧元来内化或模仿某位大师的行为、策略、价值观和思维方式，这二者可并不是一回事。在涉及商业或职业的主题和策略方面，对一个人有效的东西对于另一个人未必就会有效，没有放之四海而皆准的东西。

◆ **其次是你的驱动性条件和价值。** 这些是来自群体或者家庭的，从长远来看是你每天都可以满足的价值或条件，因为它们不但会令你感到充实，还会给你带来一些有价值的回报。比如说：你愿意在一周的某一天里外出公干，因为这样你就可以与你所欣赏的同事一起工作。这种调整对你来说不费吹灰之力，因为你能

---

1 在这里指"有序而和谐的系统"。

从中获得一些有价值的回报。

> **示例**
>
> **作为一名护士，艾芙耶被一辆宝马车所吸引**
>
> 从22岁起，艾芙耶就在肿瘤科担任护士。她每天都充满激情地工作。然而因为一件愚蠢的事，她与同事发生了冲突，她的积极性受到了严重打击。
>
> 正巧在这个时候，一名猎头向她推荐了一个收入更高的工作机会，邀请她加入一家享有盛誉的医疗预防服务机构担任护士。新车和加薪让她心花怒放，毕竟，她之前的肿瘤科工作让她心情沉重，现在正好需要释放压力，是时候好好照顾一下自己了。从工作内容上看，这个预防服务机构中的新职位要比她在肿瘤科的工作轻松简单得多。大部分工作日中，她的主要工作是监督大多数健康员工的体检程序，然后处理一些行政事务。
>
> 仅仅过了6个月，她就感到厌倦了。不过，汽车的升级、额外的休假和餐券额度的大幅增加，让她感觉自己受到了人力资源部门的极大赏识。她骄傲地向朋友们炫耀自己的宝马车，毕竟，这样的座驾是作为一名护士的她以前从未拥有过的。但是一年之后，她不仅仅是略感厌倦，还变得焦躁不安。她听到自己的前同事们在谈论许多治疗癌症的新方法，而她也很怀念以前的工作。现在，她对自己

在当前工作中获得的价值感并不满足,因为她内心并不为自己所担任的实质性角色感到自豪。

在肿瘤科工作时,她扮演着在患者生命中最沉重、最紧张的时刻提供支持的重要角色,然而在预防服务机构却沦为一个告诉人家要勾选哪个复选框的角色。可是因为她刚刚才向朋友们炫耀过自己的新宝马,而且她也不想立即就放弃自己雄心勃勃的职业前景,所以她试图通过争取加薪来弥补自己自我价值感的不足。在遭到拒绝之后,她决定诚实地面对自己。

她以前在医院工作所带给她的巨大价值,无论如何都无法被她的新工作所取代。尽管有更高的薪水、更多的假期和一辆拉风的车这样的外在福利。过了一年,她还是感到空虚和浮躁。

她很快就在儿科找到了一份富有挑战性的护士工作,通过她的患者及其家人们,她在那里再一次拥有了被看见和被重视的感觉。她毫不犹豫地用一辆电动自行车和不定时津贴换下了那辆豪华的宝马车,而她再也没有怀念过之前那份在预防服务机构的工作和宝马车。

在当前的工作中，你的价值是否得到了应有的发挥？

你在工作中的价值要尽可能与你自己的价值观相符，这一点为什么这么重要呢？因为只有这样，你才能够在工作中持续地找到激情，你的引擎才能持续燃烧，让你在岗位上感到生气勃勃、能量满满。否则，随着时间的推移，你可能会遭遇倦怠、过度劳累，或者越来越依赖外部世界的认可来获得价值感，以补偿工作中缺乏的实质性满足。你可能会开始找寻金钱或者赞美，好让自己在内心无聊的情况下也能保持活力和满足感。如果每天在工作中做的事情已经不再令你感到充实，你内心的火焰就会慢慢熄灭。你仍然可以尝试用不同的外在形式来助燃，比如奖金、福利或他人的赞美，但从长远来看，你的工作内容、角色或者观点必须有所改变。

下面，我列出了你的价值在当前工作中无法发挥出来的可能原因。

◆ **你的价值观与雇主的价值观越来越不一致**

在每份工作中，都可能由于沟通不足、与他人的意见分歧或者上级的决定而出现价值观的冲突。然而冲突也好，讨论也罢，这都是一件积极的事情，因为它意味着你仍然愿意为了自己的价值和工作关系而奋斗。

如果你在工作中坚持自己的价值并被听取，这就意味着你的投入为组织增加了价值。如果你的意见在长期、多次的沟通尝试之后仍然没有被看到或者听到，那么对组织当前阶段的流程而言，你拥有的附加价值可能就十分有限了。

出现这种情况的时候，人们常常都会相互指责："我说什么做什么，他们就是不重视。"许多人在挫败感中徘徊太久，变得尖酸刻薄。然而，你必须换个角度看待问题。事实上，组织可能暂时或永远不需要你的价值或诉求，但这并不意味着你的价值或诉求在其他时刻，或者在这个组织之内或之外的其他地方也不再具有价值。因此，在责难中或在某个不再适合的角色中徘徊太久是很可惜的，你不仅会降低自己的价值感，还会削弱同事的能量。我建议你暂时退后一步，反思一下自己的职业生涯，然后再建设性地与雇主展开对话（详见阶段6）。如果这次对话表明双方的需求相差甚远，你们大可以体面地分道扬镳，而不至于产生太多的烦恼或挫败感。在注意到自己的价值或意见对于组织或团队没什么作用的情况下，还被外在福利的金丝牢笼困住不肯放手，这么做无论是之于自身发展还是身体健康都是尤其有害的。天下没有不散的筵席，你的宇宙有时会想要让你明白，是时候继续你的职业生涯之旅，前往新的目的地了。

> **示例**

海尔特，一名感觉自己不再被看到、被重视的工程师

　　作为一名专攻可再生能源领域的工程师，海尔特积累了扎实的经验。没过多久，他便在人才市场上更具竞争力，在当了十年的打工人之后，他决定转而以独立顾问的身份工作。

　　很快，一家很有发展前景的创业公司就对他表现出了浓厚的兴趣，向他提供了一份薪资优厚的入职合同。这是因为，海尔特恰好具备了他们当时的新国际项目所急需的专业知识和能力，而且作为工程师的他还有出色的谈判和商业技能，这样的人才在市场上是很难找到的。他受到了国王般的礼遇，没过多久就可以定期去首席执行官的办公室里就各种问题发表意见。他展现出了极高的参与度，而且他们的项目也取得了显著的成功，他甚至打心底里觉得自己就和那些他参与设计的能源中心一样，充满了能量。

　　然而，公司的股东们后来却突然大刀阔斧地改变了战略，转而将关注点投向其他能源，为此，他们招聘了高度专业化的技术专家。不再有人向海尔特征求意见，而他也感到自己在工作中很少被"看见"被"重视"。在公司所选择的新的战略方向中，他身上那些最初吸引他们的独特价值（特定的知识、开放的态度以及建设性的意见）实际上

> 已经毫无价值了。他感到自己的积极性和自我价值感日益沉沦。
>
> 幸运的是，在完成一个职业指导课程之后，他意识到自己不应该对此耿耿于怀，而且他很快就找到了一个新的雇主，在那里，他的价值被高度认可。因此，他能够带着感激之情，毫无烦恼和矛盾地，自信地离开那家创业公司了。

上述海尔特的故事很有代表性，我们的许多客户都有过在工作中感到自己不再受赏识的情况。一开始，组织本来有一个目标或宗旨非常符合其价值观，然而多年之后，这个组织需要的东西却完全不同了。有时，一个群体或组织的目标和价值会暂时地或者永久地朝着与你不同的方向发展。在这种情况下，**一个群体或组织的价值始终都要比一个个体的价值分量更重**，意识到这一点是十分重要的。在这样的时刻，及时从群体中抽身，稍稍喘一口气一直都不失为更好的选择。这样你就可以平和地反思一下自己的职业生涯，然后再与雇主展开对话，讨论要不要叫停或改变心态、角色或目标。有些人会感到筋疲力尽，是因为作为个体，他们想要改变整个群体或组织的价值。

问题在于，如果你花很长时间去适应组织中所有的转型活动，你是否还能创造最大价值？有些人在适应一段时间后就会枯竭，但同样也有可能奏效。有时，人们适应并接受了群体的自然演变，那么他们在组织中就会感觉良好。事实上，顺应变革或转型需要每个人付出努力和精力，从长远来看，这对组织的生存或改进至关重要。

◆ **你被同事的价值观冲突冲昏了头脑**

这种情况你可能并不陌生：一位同事与上级或其他同事发生了价值冲突。他觉得很烦恼，并且好几个月都被这种情绪左右。你带着同理心倾听了他的故事，这让你开始扪心自问："我真的觉得这里边没问题吗？"比如说，管理层做出决定要对一些事情进行改变，而这让你的同事相当不爽，因为这个决定是不符合他的价值观的。他愿意坚守现有的架构，因为这向他提供了"确定性"的价值。而由于你从他那里听到了太多充满烦恼的一家之言，终究你也开始对那个人或那种调整不爽起来，尽管你其实并不像同事那样追求确定性。因此，在解读同事对工作中的事件和人物所做的价值判断时，最好始终守住自己的底线。表现出同理心的同时也要及时问一问自己：受到影响的是我的价值观，还是我同事的价值观？对方的价值观是如何将他的故事染上一层个人色彩的？

一旦你被他人带有主观色彩的叙述所迷惑，你与自我以及自我价值之间的联系就会产生脱节。当同事离开以后，如果你注意到自己实际上不再对冲突感到烦恼，那么你就知道，发生冲突的并不是你自己的价值观，而是该同事的价值观。过多的同理心和底线失守会导致你失去自我。这是令人遗憾的，因为你的绩效和能量水平也会开始受到拖累。

如果你总是受他人影响而摇摆不定，就很难正确评估自己的价值。要想改善这一点，你不但要对自己的价值观有所意识，而且还要认识到，故事总是受到讲述者的价值判断的影响。因此，带着有边界的关心和同理心去对待同事。记住：每个故事都是对现实情况的一次主观呈现！

金钱有多重要？

不过，个人价值和经济价值之间有什么联系呢？有意思的是，人们有时会对自己因喜欢而自然投入的事情能带来经济收益感到惊喜。因为在做这件事的过程中，他们已经从内心深处感受到了满足或赞赏。因此，我喜欢将这种感觉称为"**内在赞赏**"。

来自外部的赞赏大多数情况下会以薪水、奖金、补贴、额外福利等形式呈现。在本阶段的后续部分，我将其称为"**外在赞赏**"，即外界对你工作的赞赏。

◆ **你的自我价值得到越多满足，你对金钱的依赖就越少**

一个人为其内在价值工作得越多，经济回报的重要性或影响就越小。当然，保持平衡还是必要的，毕竟，你必须靠自己的职业谋生。只是比起那些非常受外在因素驱动的人，薪水对前者而言没有那么重要。通常而言，护士受奖金的驱动要小得多，因为更能驱动她的是工作的内在价值。而相比内在价值,销售从业者则可能更多地受到外在价值(关系、网络、形象等等)的驱动,因此薪水就变得更为重要了。

当然,重要的是你需要感到自己得到的回报是公平的,是与自己的表现成比例的。有时,为了使自己的努力得到正式认可,提出加薪是必要的。每个人都需要金钱来获得与其价值相符的回报。因此,金钱是必不可少的;有了它,你才能够购买自己珍视或者能奖励自己的东西。只是对那些内驱力很强的人而言,对金钱的重视程度或依赖程度比较小罢了。

◆ 收入高并不意味着工作能力强

我注意到社会上有一种危险的趋势,那就是有些商业大师**似乎把他们的薪资水平与自我价值联系到了一起**。就好像只要你赚得多或者要得多,你就会是一个更好的领导者、自由职业者、员工或者教练。这似乎是想要说,比起那些开口没要那么多钱的人,那些挣得多很多的人为社会带来的价值也更多。事实并非如此。相反,在实践中我经常注意到,那些感觉自己能为他人或社会带来价值并因此感到充实的人,与那些每年都要为升职加薪或买新车而兴奋好几天的人相比,更少依赖于外部形式的赞赏或回报。从心理学的角度来看,让你的自我价值感强烈依赖于工资、名牌汽车是极其不健康的。人们在选择下一份工作或雇主时,如果过于关注外在的回报,只会进一步降低他们(本来就已经不高)的自我价值感或内在价值感。事实上，如果你在工作中找到了内在满足感或工作幸福感，那么从长远来看，你多数还是会从中收获合理的回报或成果的。

顺便提一句，在千禧一代中，我发现非物质性的事物在外在赞赏中越来越重要。对额外休假天数和灵活工作时间的呼声尤其高涨。而相较于拥有自己的房子或者积累资产，个人的成长经验和发展也比过去更受重视。

◆ 薪资最好是周期性的，而不是线性的

我希望在将来，薪资待遇不再像长期以来的那种情况，在一个人的一生中一直呈现上升趋势。现在你已经看到，年青一代有时比年长的同事赚得更多，因为他们掌握了更多的最新技术，从而为某些产品、服务带来了更多的经济价值。每个人都应采取更加灵活的态度，接受工资有时多一点儿，有时少一点儿的事实，这取决于市场的需求、你的专业知识和技能，以及你当时的生活状况。**薪资更应该呈现出周期性的变化**，但物质回报并非总是最关键的因素。工作的实质内容和生活品质理应受到重视，然而，更为重要的是你在工作中所获得的知识和积累的经验。

想要尽情做自己，发展副业会是一个解决方案吗？

　　没有一份工作能够百分之百地符合你所有的价值观。重要的是，要在空闲时间、家庭生活、朋友圈或其他的创业项目中实现这些价值。在行业术语中，我们把这样的项目叫作"**副业**"。在副业中，赚钱多少并不那么重要，更重要的是你能在其中多大程度地发挥自己的激情，满足自己的渴望。举例来说，教瑜伽、制作洗礼糖[1]、做陶艺、参加葡萄酒课程……这些活动可能并不会产生最高的经济收益，但对那些将创业精神、乐趣和社交能力视为首要追求的人来说，它们所提供的价值是显而易见的。

1　在比利时和荷兰的一些地区，有在婴儿出生或洗礼的场合赠送糖果的传统，这种糖果就被叫作"洗礼糖"。

练习：打开通向自我价值的大门

在这个关于你价值观的"主练习"中，我们将会把所有的拼图碎片和反思整合到一起。

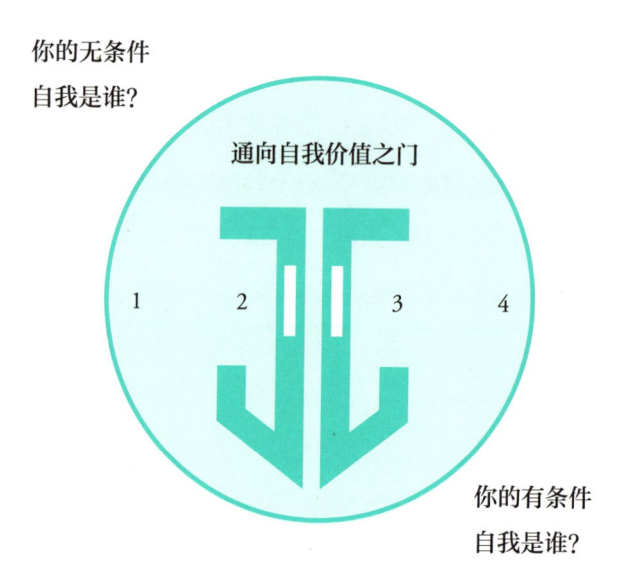

你的无条件自我是谁？

通向自我价值之门

1　2　3　4

你的有条件自我是谁？

打开

部分A：你的无条件自我是谁？

首先，我想让你发现那些你自己觉得毫不费力的东西。抛开来自环境的赞赏、奖励或是认可，你由内而外散发出来的是什么样的价值观？实际上，你的价值观可以分为两大类。

1. 你的显性自我价值是什么？

这些是你所散发出来的、你所了解的和你所感受到的关于自己的价值和特征。只要问问自己下面的问题，你立刻就可以发现它们。

- 我目前为我的职业生涯带来了哪些附加价值？
- 在我必须履行的角色或工作中，我已经增加了哪些价值？
- 如果没有报酬，我还会从事某项特定的活动或者工作吗？
- 如果我在工作和组织中消失了，同事们会怀念我的哪些方面呢？

最后一个问题听起来可能有点不吉利，就好像这是要你猜测人们在你的葬礼上会如何评论你一样。此外，你可能还会怀疑这里头究竟有多少客观性，毕竟俗话说："死者为大。"不过你也许可以向自己的同事或工友提出这个问题。这可能比你自己坐在那里苦思冥想能获得更多信息。

2. 你的隐性自我价值或禁忌价值是什么？

我们之所以将这类价值称为"禁忌价值"，是因为你虽然知道且能感受到它们的存在，但是出于这样那样的原因却不能将它们展现出来。每个人都能在你身上看见它们，但你自己却将它们压抑起来，因为你常常出于成长经历或环境因素而对它们抱有否定态度。问问自己下面的问题，你就可以发现它们了。

- 到目前为止，我在职业生涯中坚决不想成为哪种人，哪怕我实际上就是那样的人？
- 在过去，我有哪些价值观或情感需要向父母、老师或者领导等权威人士隐瞒或压抑的？有哪些方面是不被认可的？
- 到目前为止，我的哪些价值观、兴趣和（或）特质在职业生涯中遭到了自己或他人的否定？

将某些价值观、特质或兴趣隐藏起来或抑制下去，从而让自己适应团体或者环境，这么做本身并不是一件坏事。这表明，你已经评估了在某些情况下，某种思维或行为方式是否可取或有用。而据你判断，能够自我调适一下是最好的。然而你可以在多大程度上自我调适才不会导致自己健康受损，这一点我们稍后会说清楚。现阶段你已经理解的是，为了保持团体或者文化中的秩序，避免混乱，我们所有人都必须时不时地压抑自己的某些部分。

部分B：你的有条件自我是谁？

第二组问题揭示了由于成长环境、群体秩序等各种原因，你已经适应的外部世界的价值观和条件。

3. 你无法实现的条件和价值是什么？

- 为了适应你的原生家庭，你伪装或夸大了哪些角色或特质？
- 为了适应你的朋友圈子，你伪装或夸大了哪些角色或特质？
- 为了适应你的工作，你伪装或夸大了哪些角色或特质？
- 你需要自己或者希望自己成为什么样的人，但自己却不是那样的人？
- 你对自己或者对他人提出的哪些条件似乎总是得不到实现？

4. 你的激励因素和现实条件及价值是什么？

- 你愿意满足自己和他人哪些可实现的条件和期望，因为它们能给你带来成就感？
- 你愿意如何调整自己，为更大的目标（如团体或组织）带来附加价值？
- 在这些方面，怎样才能更好地赞赏和驱动你呢？

- 在此过程中，你如何才能得到最好的赞赏和激励？
- 你希望在一两年内达到什么条件？你希望得到怎样的赞赏？

对于最后一个问题，一定要同时考虑内在驱动因素和外在驱动因素。大多数情况下，内在驱动因素通常与你认为重要的工作内容和工作环境有关。外在驱动因素则是指在薪酬和奖励方面对你而言重要的因素。

对你有驱动作用且现实的条件都是你从现在的职业生涯出发而设定的。不要陷入不切实际的期望或者一厢情愿的陷阱。你可以对自己和他人有一些条件和期望，但是你也要考虑一下是否真的有组织或个人能够或愿意回应这些条件和期望。除此之外，对他人期望值过高也会导致别人对你期望值过高。如果于己于人你都把标准定得太高，那么在成长的道路上，你给自己的成长和放松空间就会很小。如果你在工作中因为必须满足很高的期望而经常处于紧张状态，那么你的学习能力就会比在一个可以让你安静成长的环境或角色中要差。

学习心得

你对自己的价值观越坦诚、越清醒,你就越能将那些赏识你的人吸引到自己周围来。

哪些条件和价值对你来说是不一致或者不适合的?哪些条件或者期望对你来说是不可实现的?哪些角色、期望或者人,让你不得不过分伪装自己?在这些问题上,很多人都无法对自己坦诚。这意味着,你要放弃自己讲给自己的某些故事,而这并不总是那么容易。在职业选择中,金钱对你的影响程度成了一个重要的信号:你越是感到自己在薪酬或奖励方面不满足,你实现内在价值的可能性就越小。我很愿意提到本阶段开头艾芙耶的故事(详见第93页),这位护士之所以跳槽到一家预防服务机构担任护士,主要是因为她想赚更多的钱。所以一旦工作不太顺心,她就向雇主提出涨工资。而实际上的情况是,她只是无法充分地满足那个对她来说真正重要的角色和价值——也就是照顾他人。

如果你的内在价值得不到满足,在工作中过分伪装自己的话,那么不久你就会被戳穿的。所以你才必须获得越来越多的外在回报来弥补动力的不足,然而这些外在驱动因素只能带来暂时的满足。不过这并不意味着金钱就不重要了。在适当的时候评估一下你自己最希望得到的赞赏和回报方式,可以确保你灵活地与雇主就履行条件进行对话。在阶段6中,我们将会进一步讨论这一点。

现在,你已经知道自己的内在价值是什么了。下一个阶段,我们将探讨你在职业生涯中的真正渴望是什么。因为你的价值观会给你带来回报和赞赏,而你的渴望则会让你在职业生涯中采取行动。是你的渴望在驱使着你前进,并让你充满激情地工作。

把你认为最重要的价值观补充到自己的"职业护照"中吧。

阶段 ④

你在职业生涯中真正渴望的是什么？

在上一阶段中，我们谈到了那些对你有所回报的东西，更具体地说就是你内心的价值观：当它们被看到或者被满足时，你就会看到自己的价值。

在这一阶段中，我们将讨论是什么驱动着你，也就是你在职业生涯中的真正渴望。**渴望总是与对自己和他人的某些期望相关联。**如果你所处的环境不能充分满足你的渴望，因此也无法充分满足你的期望，于是你就会感到失望。比如，如果"结果导向"对你来说是最重要的价值，那么你有时就会含蓄地渴望，并期望自己周围的每个人都是如此。渴望、期望和价值，这三个要素构成了一个神圣的三角形，我们称它为"参与循环体"。它们彼此相互影响，决定着你是不是每天都充满动力和参与感。

参与循环体

价值
奖励、赏识
或者满足你

创造出 →

渴望
指导你的
行为

是否能实现
是因为

创造出

期望
你对自己和他人的看法

你的真实渴望会**有意无意、非常强烈地指导着你的行为**。它**们为你注入能量，推动着你前进**。你的渴望源于你的内心，它是掌控你的情绪、参与感和能量的器官，它让血液在你的身体中循环。我们有时能意识到自己的渴望，但有时不能。在这种时候，我们最亲密的队友、同事或者朋友往往早就已经看出来了，我们想要什么、渴望什么，然而我们却不承认。

就像生活中的所有事情一样，归根结底是要找到一个适当的平衡点，既不要渴望得太多，也不要渴望得太少。

要是渴望太多，最终会导致期望过高或过于理想化，而不再满足于现状。所以，渴望也可能具有破坏性，因为它们往往无法实现；或者有时它们得到了满足，但你还是会感到失望，因为你并没有得到自己所期望的。

可如果渴望得太少，你的能量、参与感和驱动力就会严重不足。你的渴望构成了你的指南针，指引并推动着你前进。所以它们对你来说是不可或缺的。

这么说来，重要的是要发现你的工作在多大程度上满足了你的职业渴望，以及你在工作中的渴望是足够多还是太多。在这个阶段，你将发现自己的渴望，并学习如何将它们具体应用到你的职业生涯中。

开始反思

你的渴望是什么？

- 电影中的哪些人物一直让你难以忘怀？为什么？他们的角色是什么？
- 书中的哪些人物一直让你难以忘怀？为什么？他们的角色是什么？
- 童话故事中的哪些人物一直让你难以忘怀？为什么？他们的角色是什么？
- 你在生活中最仰慕的人是谁？为什么？他们的角色是什么？他们有哪些让你钦佩的特质？
- 你会爱上谁，或者被谁吸引？
- 你又会嫉妒谁？

你觉得这次思考是困难还是简单？这反映了你的愿望和期望是有点多还是有点少。

如果这个练习做起来很难，那么你的渴望可能太少了，要不就是你很少允许它们存在。或许你的内心有点封闭，缺乏足够的动力和能量。反之，如果这个练习做起来很容易，那么你的渴望可能就有点太多了。

大体上，影响者有时会因"渴望过多"而受困扰，而稳定者的麻烦则是"渴望不足"。影响者会更加渴望未来的理想形象，而稳定者主要渴望的则是一切都保持得和过去一样。我们来简单回顾一下阶段1中的这两个术语都代表了什么。

稳定者	影响者
非常尊重或敬畏（理想化的）过去	主要关注（理想化的）未来
最重要的是，不想失去任何东西，并想要坚持现有的工作方式和观点	持续地寻求优化和创新
非常坚定，很少犯错	对于不太有效的事物，不是立即丢弃，就是立即改变
会吸取过去的教训，并且信任权威	很少借鉴过去的经验，并且对权威缺乏信任
"过去什么都更好。" "事情发展得太快了。" "我太多的东西都被夺走了。" "那个我们不会又要改变吧……"	"我觉得这里缺少的是……" "我急需改进的是……" "还不够快。" "如果我们改变这一点，会好得多……"

示例

安妮退休后，成为一名独立的姑息疗法护士

安妮是一位将近退休的女性。在职业生涯的最后阶段，她仍然愿意投身于有意义的工作中去，这样也可以多赚一点钱。

在一次简短而愉快的谈话中，我用上面的反思问题去探究她真正的渴望，并且很快就明白了什么能够让她心跳加速。当我询问她人生中最难以忘怀的电影人物时，她立刻就给出了我意想不到的坚定回答："《落跑新娘》（*Runaway Bride*）中的茱莉娅·罗伯茨。"我问她为什么。"她逃离承诺，为的是选择无条件的爱和独立。而她之所以想要独立，是因为只有这样你才能够真正去爱，而不被任何条件或义务所束缚。"她还很快就表达了自己对于路辛达·丽雷（英国女作家）著名系列小说《七姐妹》中那个女管家的钦佩之情，因为她无条件地照顾了主人领养的七个孩子。"通过照顾甚至并不是自己亲生的孩子，人们可以表现出爱和关心，我觉得这是很美的。女管家和这些领养来的孩子之间没有任何联系，也没有任何义务，然而她还是爱着他们，每天都关心着他们。这才是真正无条件的爱！"

在回答"最仰慕的人是谁"时，你的职业理想也同样隐藏其中。"目前，我非常尊敬我年迈的母亲，为了子女——其中就包括我自己——不用负起照顾她的重担,她牺牲了自己,及时去了养老院。这样一来,我们就不必觉得自己有负担,必须得去看望她和照顾她,而是只有在真正愿意的时候才会这样做。通过这种牺牲,我母亲确保我们可以无条件地去爱她和照顾她,而她本人则不必依赖我们的照顾。我觉得这很了不起!"最后,我又问她嫉妒谁,而她的回答再次体现出了一种对独立的关怀和爱的渴望,尽管这里面也有经济因素。"我以前有时候会嫉妒我的朋友伊梅尔达,因为在婚姻中,她先生让她自己处理财务,自己管自己的钱。在我看来她要比我独立,因为我们所有的银行业务一直都是我丈夫管着。这让我有时候觉得自己被困住了,因为我只要一想花钱,就会觉得自己是依赖他的。"

问完这些反思性问题之后我给她的反馈是,在她内心的自发渴望中,"关怀""独立""照顾孩子"和"照顾老人"是一直反复出现的核心要素。因此,在结束谈话后,她决定以护理行业的兼职工作来继续自己的职业生涯。除了照顾患有阿尔茨海默病的母亲,她现在还作为一名独立的护理工作者,专门照顾因罹患多发性硬化症、癌症等疾病而处于姑息疗法中的人们,赚取一些额外收入。对她来说,关键的并不是挣钱多少,而是能够自由地选择工作时间、为她自己挑选的客户提供服务，并且以独立的身份获得报酬——这些都是让她感到温暖的因素。因此，在她职业生涯的最后几年，她想提供独立护理和关爱的愿望得到了有意义的实现。

渴望到底是什么？

渴望是灵魂深处的需求。你对那些尚未触及的、更具价值的、能让你感受到回报和重视的事物，怀有强烈的渴望。

从下面的插图中你可以看到，是你的心，或者说是你的愿望，给了你去争取回报（或重视）的能量。

所以，明白自己到底渴望什么非常重要。然而事情往往并非如此简单。你不但需要清晰地向自己表达，同时也需要向别人表达。只有这样，你才能够精确地知道自己的渴望是否能得到满足，以及如何才得到满足，从而不会让你的期望落空。

在一段关系中，我们常常并不会把自己的渴望和期望向彼此表达出来。可你的伴侣并不可能奇迹般地猜出或感受到你的渴望！那你自己呢？是否总是知道自己到底想要什么？只有清楚地向自己和对方表达出自己的期望是什么，你才能够实现它们。在职场中也一样。对于我们当下所渴望的到底是什么，大家常常没有足够的意识，然后就会失望。肢体语言往往能很好地表达出未实现的渴望。如前所述，你的渴望会非常强烈地引导你的行为。有时候，你的行为方式（你总是拖延某事、不再现身、表现得很恼火）可能隐藏着那些你尚未意识到的期望或渴望。如果你停下来思考一下自己的行为动机，而不是立即谴责自己或他人，你就会更加清楚自己真正想要或不想要什么。并不是说某种行为背后总是潜藏着无意识的渴望，有时它只是一个缩影，你只是在那一刻做出了某种反应。

了解自己的渴望和期望在不同的方面都很重要。

- 对你自己而言：它可以让你更有针对性地专注于那些能让你充满能量和驱动力的事物。
- 于他人而言：它可以为你提供一致性和信心。如果你能明确说出"我想要这个"或者"我想去这里"，那么别人也会立刻明白你为什么要做某件事情。而如果你的期望和渴望与行为并不相符，别人就会对你产生不信任感，会因为你发出来的混乱信号而感到困惑。
- 就大局而言：它能确保你在人生道路上吸引更多真正适合你的东西。

你的渴望是一簇鬼火，还是一枚指南针？

渴望可以是一枚指南针（**建设性的**），但也可以是一簇鬼火（**破坏性的**）。关于这一点，荷兰心理治疗师玛格丽特·温廷克（Margriet Wentink）写了一本非常有趣的书《你的渴望：鬼火还是指南针》，这本书太好了，我除了推荐，什么也做不了。

如果你的渴望是建设性的，那么它就与你的内心互相契合，你的内心则也是健康而开放的。你的渴望符合你的自我意象，也符合你对外界的印象。这样的渴望通常都会在可预见的未来得到回应。例如，有位员工在一次培训期间提到，他也很想成为管理层会议中的一员。这个要求他持续提了六个月，最后取得了成功，因为他的渴望与他的自我意象和对外界的印象是一致的。他确实很适合参与到管理中来。他说出了自己的渴望，而这个渴望也是现实的，因此可以被满足。

　　如果你明天想要进行为期三个月的环球旅行，但你其实已经疲惫不堪，那么你的渴望就不符合现实。你的渴望就不符合你现实的自我意象和外界对你的印象，所以将无法获得满足。**因此，破坏性渴望与对自己、对他人或者对整个形势的不切实际的想象有关。**你会对人或环境做出错误评估，经常低估或高估周围的人满足你渴望的能力或者承受力。究其原因，通常是你的渴望与你或你周围的人的真实天赋、积累的能力或身体承受力不符。它们可能不符合你的身份，不符合你多年来获得的能力，也不符合你的根基，即你从祖辈那里继承的才能和生活经验。

　　什么意思呢？例如，有位工程师非常想要接手一家有五十名员工的中小企业，但他的父母都没有自主创业的背景，他自己也没有接受过任何经济学教育。他在职业生涯中也没有积累任何类似的经验。因此，他的愿望与他的能力以及他能从过去或根基中吸收的才能并不相符。这并不是说只要你的父母不是自主创业家，你就一定成不了一个自主创业家。只是在这种情况下，突然接管一家有五十名员工的中小企业，在你个人成长过程中，这是你迈出的令人难以置信的一大步。或许，先成为一名独立顾问可能是一个折中的、更加现实的渴望。在政界，你经常能看到知名政治人物的子女会追随父母的脚步，这是因为他们的职业渴望和期望与他们自己过去的根基所内化的东西很接近。那已经成为他们的真实天赋了。他们能够更快地实现渴望，原因也正在于此。如果你的家庭已经在某方面拥有一定的背景，并且（或者）你在这方面已经积累了长期的学习和工作经验，那么你将能更快地实现自己的职业理想。

这就是某些心理学流派试图贩卖的理念——类似于**"只要想得到，就能做得到"**——其中的问题也正在于此。如今的社交媒体充斥着这样的信息："自己创业吧，只要你这样那样，就能和我一样成功"或者"开创一个互联网或者直运电商业务吧，按照这些步骤，年赚30万欧元"。这种宣言口号类似某些催眠技巧。在短期内，它们对提高你的创造力并不总是坏事。但从长远来看，它们忽视了你当前所处的生活环境和你独特的创造力。如果你的起点、背景和生活环境不同于你的榜样，那么你就永远也不能经过X个步骤变成另一个人。而在大多数情况下，对一位领袖或榜样的盲目模仿也不会让你在**职业生涯中获得真正的、坚实的自信。**

荷兰心理学家和知名企业家阿尔伯特·索内维尔特（Albert

Sonnevelt）把这种现象称为"天使的鬼扯"，即"一厢情愿"。声称任何人都可以成为任何人，或者只要你将渴望足够具象化或表达出来，你就能够实现它们，而无须考虑你的过去或现况，这根本就是胡诌鬼扯。通过传递这样的信息，你会唤起很多渴望和野心，然而你真正实现它们的概率却相当小。大多数情况下，你无法通过这种方式实现自己的目标或渴望，因为这些目标或渴望根本就不是以你的现况和根基为出发点制定的：它们与你的身份不符，也与你过去积累的才能和能力不一致。

在这种情况下，你很有可能对今天所拥有的一切并不满意。一份普普通通的薪水或工作似乎突然就显得不够了。你经常会看到这样的人，他们一开始就雄心勃勃，薪水很高，对自己和他人都抱有很大的期望。然后，当他们突然获得相对"较小"的薪资涨幅时，你会发现他们的积极性大打折扣，或者流露出失望情绪。由于这些人的理想和期望很高，他们会很难接受或满足于眼下微小的收获。与他们不同的是，有些人一开始的时候薪水并不高，但逐渐获得了小幅加薪或者是其他形式的认可，并且一直都对此感到满足和感激。在职业生涯中，感激和满足是能够带来健康而持久的个人成长的最大动力。这也是为什么一些雇主不愿聘请那些从学费昂贵的商学院毕业、成绩非常优秀，甚至是拥有博士学位的人。他们担心那些资历深厚的人可能不再会对微不足道的事务感到满足。在合作之初微调渴望和期望，可以避免在长期合作中出现失望的态度。

如果你发现自己也处于这种状况,你能做的,就是对此有所意识,并且调整自己的渴望。

有一句广为人知的话是这么说的:"人生在世,有求必应……"我愿意在它后面补上一句:"前提是你提出的要求适合你,而且是正确的。"人这一辈子,想要什么就能得到什么,前提是真的适合你这个人,并且你敢于真诚地表达这种渴望。

如何识别职业生涯中的破坏性渴望?

在大多数情况下,如果一个人在职业生涯中获得了赞赏或回报却没什么感激之情,或者很少会从职业生涯中获得满足感,那么你就能识别出破坏性渴望。**当你的渴望和期望过高时,或与你真正的内在价值不符时,就会出现这种情况。**事实上,如果你的期望得到了满足,但却没有什么成就感或得到回报的感觉,这也确实对你的自信心不是什么好事。这就是所谓的**冒名顶替综合征或"永不满足症候群"**。

比如说,你在学业或者事业上很快就取得了成就,但却没有感到真正的感激或满足。这时,你可以先问问自己,为什么自己会如此缺乏感激之情。可能是因为进展太快,也可能是你没有充分享受一路走来的艰辛。对新生代来说,他们的成长太迅速了,以至于没有积累足够的经验来应对困难,因此他们的自信心有时会发生不应有的动摇。但问题也可能是,他们所实现的到底是不是自己的渴望和期望。

　　有些人只是没有什么渴望，或者很难把渴望表达出来。这是因为他们害怕自己的渴望或期望不会得到回应。这种恐惧的源头几乎总是因过去的创伤而**伤痕累累或者封闭起来的内心**。这些渴望和期望在过去就没有被满足。在那些有职业倦怠症、在工作中感到无聊的人中间，这种情况特别常见。他们精力不足，职业方向感也不强。他们只是在完成自己必须完成的最基本的工作，但这不再能激励他们。比如，一些拿着"铁饭碗"的公职人员会认为他们注定要一直留在公务员系统中，这通常是因为他们已经积累的福利。他们已经教会自己不再拥有或者表达渴望，这样就可以把这份工作继续做下去，把经济福利抓在手里。而所谓的"精神离职"，指的是员工已不再投入工作或者心不在焉，也不再将自己的渴望表达出来，其根源也是内心的封闭。

　　在这种情形之下，诀窍就是重新激活和表达你的愿望。要做到这一点，你需要做一些练习，重新与自己的感觉和内心建立联系。事实上，内心一旦被重新激活，就会释放出大量的能量，以至放弃某些确定性或利益也就没那么难了。

什么是冒名顶替综合征？

　　20世纪80年代后出生的新一代人是在媒体化和社交媒体的大潮中成长起来的，他们在成长过程中抱有很高的期望，原因之一就是他们在社交媒体上的所见所闻。因为媒体的宣传,他们倾向于在自己身上培养出很多渴望,这使得他们对自己对他人都抱有很高的期望。在职业生涯方面,他们常常会十分迅速地表达出对于某些角色的强烈渴望和雄心壮志,然而他们却尚未就这些角色获得足够的学习经验,或者是这些角色与他们的真实才能并不匹配。虽然他们常常以迅雷不及掩耳之势在事业的阶梯上攀登,但由于一路上缺乏时间进行整合,他们的内心始终都会感觉有所不足。这导致他们的内在自我认同感很低,但由于他们不愿或者不能向外界展示,他们就会在无意识中觉得自己是一个冒牌货。这就是"冒名顶替综合征"的由来。

发现你最重要的职业渴望

下面的练习将向你说明,意识到自己的职业渴望,并将其转化为工作环境中的具体期望是十分重要的。那么,你要如何做到这一点呢?

首先,**让你的渴望从你当前的工作情况出发**。确保它们与你目前的生活方式有关。

- 在你的职业生涯中,有哪些是已经很好的?你还缺少什么?
- 将你的渴望转化为工作中的具体期望吧。你理想的未来是怎样的?

其次,将期望限制在 **1~3个具体的期望**上,从而使期望切

合实际并可实现。

最后，对照检查以下的事项，**看看你的期望会不会为你带来满足。**

- 它们是否切合实际，是否与你的真实天赋和后天能力充分一致？
- 如果它们实现了，你会不会因此而感到快乐？你的价值会不会得到满足？
- 它们在外部世界是否现实可行？检查是否有客户、公司、培训课程或工作可以满足你的期望。问一问自己，如果你只想每周工作两天的话，那么设想一定的薪资是否可行。在时间和薪水预期方面始终给自己留出足够的余地，以便能够平和地成长。

练习：将职业渴望和期望转化到劳动力市场中

在下面的练习中，我们将思考你当前和理想的工作环境。画一个两列的表格，在第一列中列出以下内容。

1. 描绘你当前的工作环境。

- 描绘你的工作内容。
    - 你目前的具体工作内容是什么？
    - 你每周都做哪些工作？总结你的工作内容，并尽可能具体、详细地列出来。
- 描绘你的工作环境。
    - 你觉得你的同事怎么样？
    - 团队氛围如何？
    - 你有什么样的领导？
    - 如果用几个词来形容一下组织文化，你会怎么形容？
- 描绘你工作的实际情况：工作节奏、地点和薪水。

2. 现在在第二列中描绘你理想的工作环境。

对你而言，理想中的工作环境最好是怎样的？请阐述。

- 你希望保留工作内容中的哪些要素？在你理想的工作环境中，你最想改变或添加哪些要素？

- 你希望保留当前公司文化中的哪些要素？在你理想的工作环境中，你最想改变或添加哪些要素？
- 你希望保留当前工作环境中的哪些实际要素？在你理想的工作环境中，你最想改变或添加哪些要素？

具体来说，你的表格可以这样：

当前的工作环境	理想的工作环境
职能/行业： 销售经理，东欧汽车行业	职能/行业： 更倾向于一个沟通性的职位，但仍属于汽车或运输行业
内容要素： • 主持销售会议 • 招聘并评估团队成员 • 开展销售谈话 • 内部报告	内容要素： • 在比利时设有常驻办事处，但经常出差 • 招聘和评估团队成员 • 开展销售谈话 • 与客户进行更多一对一接触
工作环境要素（公司文化、团队、领导？）： • 非正式的氛围，有很多富有竞争力的年轻人 • 控制型微观管理上司	工作环境要素（公司文化、团队、领导？）： • 更多成熟的、比我经验更加丰富的同事 • 更多的自主权和独立性
实际要素： • 9:00—18:00，有时周日还要工作 • 布鲁塞尔地区 • 薪资：2550欧元净收入+汽车	实际要素： • 9:00—17:00 • 距安特卫普最多20公里 • 薪资：最低2600欧元+汽车+至少30天假期

在表格中把你最重要的3个职业渴望或者期望标注出来。例如下方这样（深绿色的部分）：

当前的工作环境	理想的工作环境
职能/行业： 销售经理，东欧汽车行业	职能/行业： 更倾向于一个沟通性的职位，但仍属于汽车或运输行业
内容要素： • 主持销售会议 • 招聘并评估团队成员 • 内部报告	内容要素： • 在比利时设有常驻办事处，但经常出差 • 招聘和评估团队成员 • **开展销售谈话** • 与客户进行更多一对一接触
工作环境要素（公司文化、团队、领导？）： • 非正式的氛围，有很多富有竞争力的年轻人 • 控制型微观管理上司	工作环境要素（公司文化、团队、领导？）： • 更多成熟的、比我经验更加丰富的同事 • **更多的自主权和独立性**
实际要素： • 9:00—18:00，有时周日还要工作 • 布鲁塞尔地区 • 薪资：2550欧元净收入+汽车	实际要素： • **9:00—17:00** • 距安特卫普最多20公里 • 薪资：最低2600欧元+汽车+至少30天假期

示例

彼得·杨，一位全天候工作的创意全能王

彼得·杨是一位富有创造力的全才。除了参与市场营销和销售项目外，他还为不同客户撰写创意文案。他在职业生涯中建立起来的客户群体始终都很信任他，而他巨大的工作热情意味着他从不缺少任务和选择机会。由于他的妻子承担了家庭的大部分责任，他可以在各种项目和活动中充分发挥自己的创造力，而且还常常甘之如饴地每天工作7个小时，七天连轴转。

他有时在公开场合会自豪地称自己为"工作狂"，因为他在创作中体验到了无穷的乐趣，让他感觉自己都不像是在工作。然而，在50岁左右，他的身体经常出现不适，迫使他不得不休息。经过了几次需要休养的小手术，以及一位朋友因心脏病发作而去世的打击，他决定接受职业指导，好让自己的工作变得可持续、更健康。

当我们与他一起进行了上述练习，并最终将他的渴望和期望限制为3个，他注意到自己的工作内容并不需要发生太大的改变，只要限制客户和项目的数量，就能让他更健康地平衡工作与生活。

由于他过去一直深受"选择恐惧症"的困扰，对他来说做出选择很困难，所以他立刻对自己做完练习得出的结论感到抵触。然而当他停下来思考那五个总结性的问题时，他意识到限制客户和项目的数量可以为他带来更多的深度，从而也带来创造力。

令人惊讶的是，对他来说，发现限制自己的欲望并确定其优先顺序，可以更深入地实现自己的价值。因此对他来说，做出选择和限制项目突然变成了一种可行的选择。

学习心得

现在,您只剩下3个最重要的职业渴望或期望。最后,问自己以下5个问题。

- 你的期望是更容易过高还是过低呢?
- 根据你的天赋和后天能力,这些期望切合实际吗?
- 如果你的3个最重要的职业渴望都实现了,它们会让你感到幸福吗?
- 如果它们得以实现的话,你的价值观会不会得以满足?
- 这些期望在外部世界是否切实可行?是否有工作、课程、客户或公司可以满足你的期望呢?

把你最重要的渴望和期望补充到自己的"职业护照"中吧。

阶段 ⑤

你在职业生涯中
已经取得了哪些成就?

你有没有意识到，自己在这么多年的职业生涯中都取得了哪些成就？只有对那些看得见摸得着的结果和成就探究一番，你才能真正收获自己的工作成果。唯有这样，你在职业道路上才能不断进步和发展。

你只有积累了足够的经验，才会有成果和感悟。这不仅仅对你自己的自信心很重要，对他人的信心也很重要。假设你想突然转行，比如说在从事会计工作后突然想成为一名园艺师。这时，你就不能指望立即在市场上拥有园艺师的声誉。你首先必须积累实际成果和能力，才能赢得客户的信任。因此，这也就意味着你可能需要先花几年时间跟着有经验的园艺师低薪学习。

然而，很多人在进行重大职业转型时往往会陷入一个常见的思维误区。他们认为自己在新的职业中会很快赚到钱，并获得他人的信任。可是，职业转型跨度越大，就越需要你（至少在一段时间内）从底层做起。只有这样，你才能够积累经验，**对自己和他人充满信心。**

定期评估自己的成果和成就至关重要，这样有利于保持对自己和他人的信心。如果你对自己的成就没有把握，那么在他人看来你就显得不够可靠。如果你没有经常对自己的职业生涯进行评估，你就无法充分从中学到经验教训。我有时会看到，年青一代在求职过程中非常擅长推销自己。他们表现得非常有说服力，所以有时会迅速肩负起许多责任，尽管他们常常缺乏实践经验。于是他们就会患上"冒名顶替综合征"：如果结果无法达到，他们就会觉得自己是个骗子，因为自己所有那些个人品牌形象、期望和承诺的成果，他们可能都无法兑现。

有时，他们从理论、培训课程或文章中学到的"废话"太多，在实践中真正的动手操作却很少。大多数情况下，这都会导致猝不及防的职业倦怠、恐慌发作、疾病、习惯性旷工或者抑郁，因为身体实际上并不能实现他们的期望。他们的自信心会沉到谷底，失败的焦虑也会随之产生，因为他们积累的经验尚不足以支撑他们——毕竟他们常常缺乏足够的耐心和时间去积累经验。

他们最初的期望和愿望与他们已经获得的能力和学习经验不符，这只会带来失望。他们在短时间内渴望的东西太多了。而只要**在攀登职业阶梯之前，让自己有更长的"酝酿期"来整合学习经验，并有意识地去享受职业生涯本身**，这种情况就可以很容易地被避免。只要让学习经验和职业转型更缓慢地进行，这些症状就能很快得到缓解。这就是为什么要将自己的渴望限制在3个，并使其在可实现的范围内，这一点至关重要。正如我们在上一阶段中所看到的那样。只有培养"可实现"的渴望，你才能够将这些渴望实实在在地转化为看得见摸得着的"成就"，并在未来继续发展。

你是否清楚自己已经真正实现了什么？接下来的"开始反思"说不定能为你指明方向！

开始反思

下面这个小小的练习会让你非常具体地思考自己职业生涯中的重要成就。你要停下来思考最重要的3次失望经历,因为它们能给你很多启示!我记录了几个自己和客户的案例,希望能对你有所启发。

你职业生涯中最重要的3次失望经历是什么?	看得见的结果是什么?或者整个过程是怎样的?	你从这些经历中学到了什么(围绕真实天赋、后天能力、价值观和渴望方面的教训)?
我在百威英博担任品牌经理的时候。	工作3年后,我的品牌组合能力有了强劲的增长,但同时我也出现了倦怠症状。我每周工作超过60小时。	在离家较近的地方工作,每周工作4天,比每周工作60小时更适合我。
我在鲁汶大学一次非常重要的庆典上的演讲。	我准备得不充分,演讲很糟糕。不仅是我自己,所有在场的人都大失所望。我恨不得立马消失。	如果我再次收到这样的特殊请求,我会更加仔细地了解大家的期望是什么。

我作为当地一家中小企业的销售总监被解雇了。

双方的不满情绪已经持续了一段时间。但我并没有预料到自己会被解雇。我想改变那里的环境。

我既不能改变一个团队，也不能改变我自己。当我不适应某个群体或文化，也许我应该更快地与之保持距离，说不定我在其他地方能够发挥更大的作用。

为什么评估自己的成果很重要?

人们往往没有时间定期评估已经取得的结果或成就。但这样做仍然是值得的,原因如下:

1. 结果和成就会增强你的自信心,哪怕它们并不符合你的期望。
2. 坏结果和好结果同样重要。实际上,并没有"好"或"坏"之分;从每个结果中,你都可以吸取经验教训并在其基础上发扬光大。它赋予了你失败的力量:不那么理想的结果是未来的种子,它教会你下一次要怎样做才能有所不同。你可以这样想:如果你什么都不做,就既没有结果也没有成长。你实际上是在原地踏步。

接下来这张图表是我在受到了米哈里·契克森米哈赖的《心流》一书,以及史蒂芬·M.R.柯维的《信任的速度》一书启发的基础上,开发出来的自己的版本。

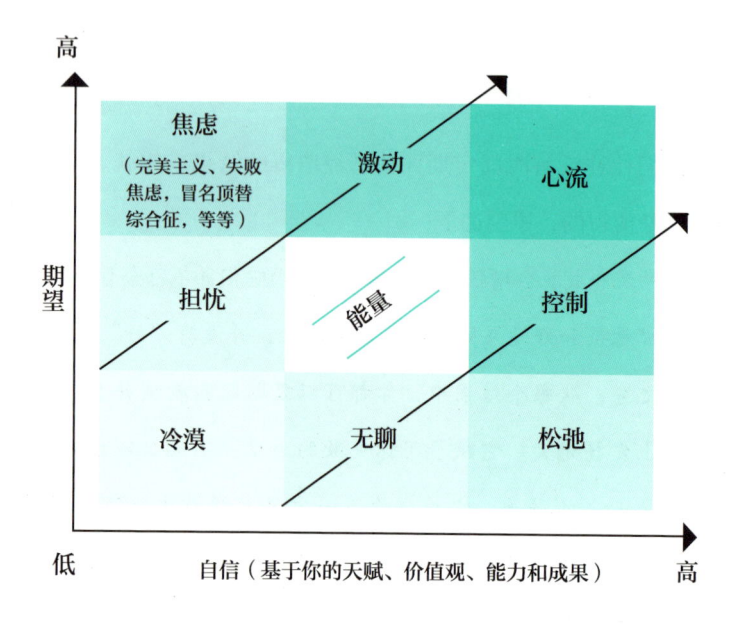

```
       高
        ↑
   ┌────┬────┬────┐
   │焦虑 │激动 │心流 │
   │(完美│    │    │
   │主义、│    │    │
   │失败 │    │    │
   │焦虑、│    │    │
   │冒名 │    │    │
   │顶替 │    │    │
   │综合征│    │    │
   │,等等)│    │    │
期  ├────┼────┼────┤
望  │担忧 │能量 │控制 │
   ├────┼────┼────┤
   │冷漠 │无聊 │松弛 │
   └────┴────┴────┘
   低   自信(基于你的天赋、价值观、能力和成果)   高
```

这张图表显示了你的期望值对职业信心的影响。通过**对前面所有阶段的了解**，你可以在工作中获得（自）信心。你了解自己的真实天赋，运用自己的后天能力，知道自己的价值观和成就。你的期望与这些都是相关联的。

举例来说，如果你没有什么渴望或期望，变得冷漠，那么你在职场中就会缺乏自信心。而如果你在自己的领域积累了大量天赋、体魄和成果，再加上高期望值，那么你将处于一种令人难以置信的心流中。

你能从"坏"结果或经历中吸取哪些教训？

在我们的职业生涯中，并非所有的成就都是成功的。有时也事与愿违。然而，停下来思考一下那些不太成功的经历，并研究其**背后的动力**也是非常重要的，因为你可以从中学到很多东西，以备将来之需。

- 你的期望和渴望怎么样了？
- 它们是否太多了？它们现实吗？它们被充分表达出来了吗？
- 它们与其他那些阶段是否足够一致？你是否能够充分发挥自己的才能和所获得的能力，你的价值观是否符合你必须履行的职责？

此外，也可能是你妨碍了自己，无意识地进行了**自我破坏**。总的来说，有5种"阻碍因素"会在你取得成果和实现个人成长的路上横加堵截。如果你运用了其中的一种，就有可能陷入似乎会不断重复的模式中，有时你还会体验到"被卡住"的感觉。

5种自我破坏的方式

1. 你害怕让人看到你的结果或成就

为了避免压力和期望，你把自己隐藏起来。比如，你在大学一年级取得了很好的成绩，但实际上作为学生，你自己并不开心。

因为你的父母希望你下次至少也要做得同样好。你想：只要我还想在大学生活中稍微享受一些乐趣，这种水平的成绩就无法保持。所以你就干脆（通常是无意识地）选择维持较低的成绩，这样别人对你的期望也就降低了。

很多时候，为了保持对朋友、家人和同事们的忠诚，我们会故意或无意地表现得不如他们好。没有人愿意被排挤或孤独终老。例如，你的伴侣是半职工作，并且已经要求加薪很久了。而你得到了一个很好的职业发展机会，却迟迟不敢接受，因为这样一来你的收入就会比他高得多。又或者，你的妈妈是一名家庭主妇，**你不敢展示自己的职业成就，因为这会让她感到自己非常没用并非常痛苦**。反之亦然。比如说，你来自一个企业家家庭，家里人的收入一直都很高。你本人收入并不高，但在生活中你却过度注重自己在外界的形象。你可能会花费超出平均水平的金钱为自己或孩子购置昂贵的汽车和品牌服饰，以确保自己不比家人逊色。你会将自己的真实成就精心修饰一番，以便能够属于某个朋友圈子或家庭群体，就仿佛是一只绵羊追随羊群一样。这是一种对群体的无意识忠诚，而不是真正敢于展示本真的自我。从长远来看，过度"美化"自己和自己的成就以归属于某个群体会导致糟糕的职业结果。这是因为，你始终会生活在被人拆穿的恐惧中，从而导致不能充分吸收具体的知识。

> **示例**

卡罗琳，一位以结果为导向的顾问，却对达成目标感到抵触

一位名叫卡罗琳的独立顾问走进了我的公司。在过去的三年里，她为一家快速发展的公司工作，尽管她拥有漂亮的履历和卓越的能力，但就是达不到自己预设的目标。

在一次就业指导谈话中，我们讨论起了这个问题，很快就发现，她的家庭在过去形成了一种庞大的反资本主义态度。任何与赚钱或销售有过多关系的事情都是完全禁止的。她的父母都在医疗领域工作，对他们来说，让别人康复或者对所获得的医疗服务感到满意才是唯一可接受的结果。因此，在她的家庭价值观中，对目标的整个概念存在很大的负面看法。所以，这位顾问一旦取得良好的成绩就会感到内疚，就好像自己背叛了什么东西或者某个人一样。

如果看一看她的家庭史，事实也的确如此。她确实是"背叛"了自己家庭的基本价值观。也正是因为这样，她才觉得自己是一个骗子，而且无论工作做得有多好，她都在担心自己总有一天会被揭穿。

> **德克，"没个正经工作"的博士生**
>
> 当德克出现在我的就业指导公司时，他表现出来的所有症状都指向冒名顶替综合征。
>
> 在完成了一段美好的学业历程后，他凭着自己的能力获得了大学助教的职位，但在这个环境中，他的自信心却遭受着极大的打击。实际上，他从未真正觉得自己有能力达到预期的表现。然而，他的教授们却亲自邀请他为他们工作，甚至因为他的分析能力和解释清楚事物的天赋，将他视为自己的接班人。但是在他的家庭中，这一切都不被视为"正经的工作"。
>
> 他的祖父和外祖父以前分别是矿工和船员，因此他本人也无法将自己的工作解释成是真正的工作，更不消说他的个人经历中并不具备足够的社会信息，用他本人的话说，就是他不知道"自己在知识分子的圈子中应该如何表现"。认识到这些来自家庭根基的观点，是他在未来项目中建立更稳定的自我意象的开端。

2. 你缺乏完成任务的毅力

出于**对失败的焦虑或者是拖延行为**，你什么事情都完不成。你宁愿什么都不做，也不愿去冒失败的风险。这样当然不好，因为人正是通过失败学到东西的。这是一种逃避或冻结行为[1]，而它之所以会产生，是因为相较于你对自己的高期望值，你积累的经验太少了。与其直面现实、真诚地表示事情开始变难了，你还是宁愿回避。你害怕表现出脆弱或寻求帮助。

你常常想要的**太快太多**，然而掌握技能却是需要时间的。于是**习惯性旷工**就出现了。哪怕是离开、说自己生病了，也比不得不承认自己做不到要强。你在**外界的表现与你内心深处的感受之间存在分裂**。你可能表现得十分了不起，实际上内心里却感觉自己很渺小。

> "脆弱听起来像真理，感觉起来像勇气。
> 真理和勇气并不总是让人舒服的，
> 然而它们绝不是软弱的。"
> ——布芮尼·布朗
> *Brené Brown*

1　逃避或冻结（flight-or-freeze）是所谓的3F行为中的两个。3F指的是fight-flight-or-freeze，中文译作战斗、逃避或冻结行为，指的是一种对感知到的有害事件、攻击或生存威胁所做出的生理反应。

3. 你害怕承担责任

如果你只想继续做你已经擅长的事情，你就会维持"无错"的状态，免于失败和批评（指责）。批评别人最多的人往往是自己最害怕做"脏活"和接受新挑战的人。

关于这方面，布芮尼·布朗有过一场很好的演讲，名叫"竞技场中的人"。她在演讲中提到，只有那些做出过与你类似的成就或者处于与你类似职业位置的人，他们的批评你才应该听取。如果某个人自己都不曾站在竞技场中，那就意味着他不曾拥有像你一样做事情的勇气，那么他也就没有资格提出批评。只有敢于去失败，你才能够重新获得对局势的控制，并且树立起未来对他人的信心。实际上，你可以将失败的经验和从中吸取的教训发扬光大。你不但显示了自己的勇气，对待批评也将表现出更强的适应性。

4. 你害怕做出选择或者失去选择

有时候，直视结果会引发决策、失去、终止乃至冲突。举例来说，当结果不尽如人意时，你知道如果把这样的结果拿出来，自己很有可能会被解雇，于是你更愿意对这种情况保持沉默，尽可能不让别人看到。

有时候，直视结果意味着要摒弃某些幻想和错觉，无论是关于自己的还是关于别人的。因此，我们宁愿选择继续沉浸在梦想中或保持希望，而不是转而采取实际行动或直面现实。

5. 你对结果过分关注或关注不足

如果过于注重结果或具体成就，就会对自己和他人抱有过高的期望。这种态度会致使你不再与学习的过程和正在发生的事情保持同步。这不仅会阻碍你采取行动，还会使你无法充分享受已经取得的成就或正在经历的旅程。因此，对结果的过度关注可能会导致因缺乏工作的乐趣和"酝酿期"而产生的习惯性旷工，以及引发完美主义。

而如果你对结果关注不足，你同样会陷入妄想之中，无论是对自己还是对他人都会缺乏可信度。结果和评估是定期调整和学习的必要条件。它们不仅构成了学习的时刻，还构成了进行对话以及启动新工作关系或项目的基石。

练习：评估你在取得成果或实现目标的过程中的5种动力

1. 成果和成就的可见性

- 你如何处理自己的成果和成就的可见性？
- 你的成果在多大程度上与你的身份以及之前关于你的天赋、能力、价值观和渴望相符？
- 在成果的可见性问题上，你（有意识或无意识地）期望从谁那里得到批评？
- 在成果的可见性问题上，你（有意识或无意识地）期望从谁那里得到鼓励？

2. 毅力

- 你的毅力如何？
- 这条通向当前成果的道路在多大程度上让你感到充实？
- 你的成果在多大程度上帮助你增强了自尊心？
- 它们在多大程度上让人感到真实或一致？

3. 责任和失败力

- 你对失败的觉悟，也就是你的失败力如何？
- 你愿意在多大程度上展现勇气并踏入竞技场，以获得新的学习经验？

- 你在多大程度上愿意"失败",并展示失败的力量?

4. 对做出选择或有所失去的觉悟

- 你在多大程度上愿意做出必要的选择?
- 面对削减和失去,你有多少觉悟呢?
- 你在多大程度上愿意坦然面对自己无法实现的目标?
- 你愿意在多大程度上承担责任并面对可能的冲突?

5. 注重结果

- 你对结果的关注程度如何?
- 在必须采取行动的时候,你是更容易行动起来,还是更容易裹足不前?
- 你是否足够享受通向目标的过程?
- 对于过去的成就,你是否进行了足够的反思,并吸取了必要的教训?

学习心得

哪些动力阻碍了你？换句话说，你在取得事业成果方面有哪些盲点？

- 如果你很难让自己的成果显现出来，你就很难做到真实和诚实。
- 如果你缺乏毅力，请扪心自问，你愿意在多大程度上支付学习费用？通常来说，如果某件事与你的价值观足够一致，而且你也能够从中获得足够的满足感，那么为之付出就不是什么难事了。
- 如果你害怕失败，就调整一下自己的渴望和期望。你必须得有踏入竞技场，然后一败涂地的觉悟才行。
- 如果你难以做出选择，难以接受可能的损失，那么，在必要时，请职业规划师指导你如何进行那些棘手的对话吧。
- 如果你过于关注结果，那么就请更多地享受过程本身，要不就将注意力更多地放在自己已经取得的成就上吧。你还可以去选择一个与自己的渴望、天赋、后天能力和价值观更加一致的其他目标。要是一个人在某一领域已经达成了他想要达成的一切，那么工作就不再具有充实感了。这个时候最好是去寻找一个新的领域，再次从底层开始。如果你对结果不够重视，那就试着看看已经取得或将要取得哪些成果，以便做出调整。

将你关于实现目标的最重要的学习经验补充到你的"职业护照"上吧。

阶段 6

你的职业转型:
如何在职业生涯中选择正确的方向?

你的职业生涯就像你的身份一样,始终都处在变化中。不管是外部世界还是内部世界(感受、渴望),都有许许多多的事情是你无法控制的。实际上,你更多会受到生活事件的引导,而不是自己或他人的引导。

对于你身份的前两个阶段(真实天赋和后天能力),你是有控制权的;不过对于后面的四个阶段(价值观、渴望、成就和转型),你的控制权就会较弱或根本无法控制。这就要求我们努力意识到并评估自己在此时此地的表现。

我希望你在阅读本书的过程中,能更清楚地意识到自己正在经历的旅程,减少一些对它的求全责备。这个最后阶段的目的是让你对自己职业生涯的现状进行评估和欣赏。你正朝着哪个方向前进?你从工作环境中学到了什么?你的"行囊"中已经有了什么?以此为基础,你可以制定切实可行的期望,享受旅程,慢慢实现这些既现实又令人满足的事情。

如果你过分关注事情应该如何发展,而自己的渴望和期望又不切实际,那么你就有可能陷入那种美国式的场景:你会把越来越多的"职责""必须""更高的理想或目标"强加给自己。久而久之,冒名顶替综合征、失败焦虑或职业倦怠就有找上你的风险。因为你常常让自己陷入麻痹状态,在前进的道路上乐趣太少,个人发展严重不足,职业旅程令人大失所望。

幸运的是,你能避免上面这些现象。只要你将自己的职业生涯视为一次美好而充实的旅程,最好记住,在你的职业旅程中,

无论是薪水、成就感还是时间投入方面，都不是朝着特定的终点线性发展的。你始终都在朝着下一个职业目标行进。

示例

西蒙，一位来自地中海地区的顶尖运动员，转行成为警察

与（前）顶级运动员打过几十次交道后，我注意到，这个群体在职业转型时往往都会非常困难，而且转型过程经常需要耗费数年时间。这是因为，他们的身份从小就与其顶级运动员的身份交织在一起。

西蒙是一位出色的足球运动员，来自地中海地区，出生于一个贫困家庭。在他五六岁的时候，为了逃避家庭的残酷现实，他就开始偷偷溜到街上去踢球。尽管他没能从父亲那里得到过一双足球鞋（因为家里几乎都要入不敷出了），但就算是只穿着拖鞋，他的足球天赋也还是被一位球探发现了。他很快就告别了业余玩耍，开始了疯狂的训练，并因此赢得了同龄人的钦佩。经过了多年艰苦和孤独的努力，他终于进入了一支知名的甲级足球队。

但很快他就发现，自己为之奋斗的顶级球员身份的弊端。为了这项运动，他经常不得不独自前往参加比赛，长时间的训练使他与朋友和家人越来越疏远。除此之外，他身边的所有人都因为他的成就而仰慕他，并不断开口管他要钱、让他帮忙,或者向他索要足球比赛的门票。他开始瞧不起这些人,觉得友谊和爱是有条件的,只有当他表现出色的时候,他才属于这个群体。

因此,当他30岁左右、足球生涯接近尾声时,他完全失去了职业认同感。从小到大的艰苦训练不仅让他与朋友和家人之间产生了巨大的隔阂,他还把所有的时间和资源都投入其中,这限制了他的社交圈和爱好的发展。他寻找新工作的过程十分艰难。其中他遇到的最大阻碍是他难以处理人际关系中的平等问题。事实上,他青少年时期一直都是在被崇拜和被骚扰中度过的,这使得他在情感上一直与他最亲密的同龄人保持着一定的距离。他在人生的前半段专注于体育运动,加之从少年时代起就缺乏来自家人和朋友的情感支持,他的内心是封闭的。他唯一学会的与亲近的人进行日常交流的方式,是一种像军队一样充满命令的口吻。这是足球教练在球场上或更衣室里冲着自己的球员大吼时会用的说话方式。一旦到了"正常"的工作环境中,他就出现了问题,因为同事们试图与他亲切交谈或提出一些情绪化的问题,都会被他拒绝。在谈话中,他会摆出"就这样,别的不行"的强硬态度。幸运的是,当他在荷兰的东南部成为一名警察时,他成功地将这种保护性的态度转化为一种优势。这份工作他做得非常成功,因为他能够很好地划定界限、保持距离并下达命令。

此外，他在身为顶级运动员的青少年时期所建立起来的钢铁纪律，确保了他忠实地执行所有程序。不过，从顶级运动员到警察的转型仍然是一个持续多年的、漫长而紧张的过程。在这几年中，他必须逐渐改变自己"我行我素"的命令式语言，转而采用一种适合并为周围人所接受的风格。在困难情况下进行沟通慢慢变成了他的强项。因为他一生都在与之斗争，而且必须时刻注意这一点。

天赋出众的人（如顶级运动员、童星）在青少年时期建立起来的内在结构，往往会让他们在未来的同龄人群体和工作环境中产生一种持久的孤独感和距离感。他们不仅无法成为一个无忧无虑的孩子，还背负了被寄予厚望的压力。然而，在经历了种种挣扎之后，他们最大的诅咒却也总是他们最大的祝福。

你的职业生涯正在转型：下一步要怎么走呢？

要想推进你的职业生涯，最好先评估一下自己的现状以及你想要去的方向。如果你的职业与几个阶段所产生的结果不再一致，那么是时候行动起来，尝试一些新的事物了。

这并不意味着你应该立即改变一切。首先要审视一下自己当前的位置以及你自然而然的走向。通常情况下，你只需要发现自己长期以来一直在进行的是怎样的变动，然后去顺应这种变动就好了。

你正在进行的是怎样的变动？
在职业生涯中，你会自动被什么吸引，又会自动排斥什么？

当你在"开始反思"一节中审视自己的人生轨迹时，你会惊讶地发现，那些在人生和职业旅途中的特定时刻所形成的事物，是你自己把它们吸引到身边的。

你还会愕然地发现，你之所以在人生和职业的某个时刻没有成为某个角色，正是因为它们是被你排斥或者拒绝过的。我们分别将其称为**"认同因素"**和**"不认同因素"**。这些方面不但为你提供了大量有价值的信息，让你了解自己在职业中的真实身份，同时也是那一刻你自己的一面镜子。这面镜子在你职业生涯的每个十字路口，都会向你展示你是谁以及你不是谁，你能做什么，以及你还不能做什么或者不再能做什么。

以下三个因素决定了你在职业中的自我意象和真实身份：

1. **认同因素**指的是你在生活中因为认同而吸引或被你吸引的人物、团体、同事、组织、情境、角色、工作、任务、活动等。
2. **不认同因素**指的是你在生活中排斥或者导致你被排斥、被否定或被孤立的人物、团体、同事、组织、情境、角色、工作、任务、活动等。其中有时候会伴随着痛苦的经历和情绪，如恼火、愤怒、悲伤和失落。这些因素不（或者不再）属于你的身份。

3. 哪些东西是自然而然来到你身边，但又经常从你手中溜走的？这些被称作转化因素，也就是你仍然在其中进行转化的事物。它们实际上可能成为你的认同因素，却还有待你对其进行更好的了解和掌握。在你的下一个职业目的地，你很可能会经常遇到它们。

这三个因素会让你意识到，在此之前你的自我意向并不一定总是正确的。这会让你更接近真实的自己！

你觉得这些听起来还是有点不清不楚吗？那么，请务必做一下接下来的"开始反思"练习。

开始反思

你的职业生涯正在发生怎样的变动？什么吸引着你，而你又排斥什么呢？

通过以下的反思问题，你会发现自己正处于哪种转变中，以及职业生涯和人生轨迹正将你朝着哪个方向推进。你的下一个目标是什么？**你不但会发现目前自然而然向你走来的东西（认同因素），还会发现那些慢慢从你身边流逝的东西（不认同因素）。**试着凭直觉回答以下问题，不要思考太久！

你目前的认同因素

- 哪些角色或者活动越来越吸引你？
- 你希望与哪些人或同事一起共度更多时光？你如何描述他们？你会将哪些特质或活动与他们联系在一起？
- 你目前对哪些群体感到满意呢？你如何评价这个群体的成员？你会将哪些活动与这个群体联系在一起？

你目前的不认同因素

- 你越来越排斥哪些角色或者活动？
- 哪些事物是你以前认为很重要，但现在认为没那么重要或根本就不重要了？
- 你希望减少与哪些人或同事相处的时间？你如何描述他们？你会将哪些特质或活动与他们联系在一起？
- 你目前对哪些群体感觉不那么好呢？你如何评价这个群

体的成员？你会将哪些活动与这个群体联系在一起？

你的转化因素

- 你的职业生涯目前发生着哪些变化？

- 你正在进行哪些转型？从……到……

- 你的下一个职业目标是什么？

- 你想要如何继续自己的旅程呢？

> **示例**
>
> **克里斯蒂娜实现了从经理到股东的转变**
>
> 　　克里斯蒂娜是一名充满动力、很有商业头脑的经理,靠着自己的力量,她在一家独立经营的银行分行做到了分行经理的位置。我们每隔半年就会聊聊近况,当我和她一起回顾"开始反思"的问题时,我们发现她正在转型。谈话结束后,我们把她就"开始反思"问题给出的答案总结了出来,如下所示。
>
> 　　**认同因素:** 你将越来越多地去向何处?什么事或什么人越来越吸引你?
>
> - 最近,我会更多地与那些行为更倾向于"调解",而不是"控制或指导"的人发生联系。
> - 我注意到自己更重视每个人在团队中是否感觉良好。
> - 我花在担任主管或领导角色的人身上的时间明显增多,这些人在客户和员工面前都能散发出信任和专业的气息。
> - 我花在冥想和瑜伽等活动上的时间明显增多,这样做能让我不依赖他人或群体,充实自己的内在能量。
>
> 　　**不认同因素:** 你越来越远离的东西是什么?什么东西你正在慢慢放手?
>
> - 最近,我减少了与扮演受害者角色或抱怨的人之间发

生联系的频次。

- 我注意到自己对那些在细节上做文章的人越来越不重视了。
- 我和那些抱怨自己的工资或抱怨分行主管的同事在一起的时间明显减少了。
- 我越来越少关注流言蜚语或别人对我的看法。

转型变动：在谈话接近尾声时，哪些转型变动正在发生已经很清楚了。克里斯蒂娜尚未有意识对这一切进行评估，但她已经感觉自己正在慢慢倾向于成为这家分行的股东之一。分行经理曾经提起过，他就管理团队参股和共同股东持开放态度。为此，克里斯蒂娜在领导工作中必须比现在更加善于调解。作为商务团队经理的她，目前更注重的是短期目标的实现，对于公司的长期目标则较少关注；因而与股东们相比，她沟通方式中的指导性更强。克里斯蒂娜还注意到，她与同事们的关系越来越疏远，因为自己的下一个角色是股东，可能会变成同事们的上级。她不想再与群体中的消极情绪、受害者心态或抱怨联系在一起，因为她意识到自己未来可能会成为解决这些问题的人。下个月，她将向她的分行经理提出她对这一新职业目标的雄心壮志。

如何做出真实的职业选择？

认识到你的工作并不能够满足一切。它永远不会是你的最终目标，它只是你旅途中的一个中转站，在这里你可以积累学习经验，与同事建立联结，并且以工作表现的形式回报你所得到的一切。你的工作或工作环境并不能满足你身份的所有部分，也无法满足你所有的愿望和价值观。如果你是这样期望的，那么你就会成为一个频繁跳槽、没法在同一份工作或同一个目的地停留超过一年的人。值得一提的是，这样做虽说能够让你尝试很多事情，你个人也可以得到发展，但同时也并非如此。你确实成长得很快，也成长了很多，但你不能建立足够深入的关系并积累足够的经验。这是很孤独的。毕竟，职场上的职业信任关系甚至是友谊，通常需要很长时间才能建立起来。

频繁跳槽让你无法看到自己努力的成果，从而无法学习并享受自己的成就（详见阶段5）。这也就意味着你永远无法收获自己工作的果实——因为这需要时间，而那时你或许早已走人了。因此，你无法从经验中学到任何东西。只有在同一个雇主那里工作至少两年，你才能够评估自己的成就并从中受益。换句话说，只有这样你才能成长。

每隔六个月，花点时间反思一下自己在职业生涯中取得的进步。此外，如果你与同事或上级之间有良好的联系，那就不要犹

豫，与他们一起进行评估吧。职业指导真的可以带来很多乐趣！

你的驱动因素：
是哪些因素推动你在职业生涯中不断前进？

要确定职业生涯的下一步行动，最好先停下来思考一下工作中能"推动"或"激励"你的方面。我称它们为"驱动因素"。驱动因素就是能给你带来价值或让你欣赏的事物，它们能推动你在工作中不断前进。它们是潜在的能量源，确保你每天都充满动力。

下面是一份驱动因素清单，这些驱动因素可能会给你能量，也可能会消耗你的能量。

思考：在工作中，哪些因素对你来说很重要？请用1～5，在中间一列打分。我在这里列举了许多驱动因素的例子，但你也可以填写你认为重要但尚未列出的驱动因素。然后浏览所有的驱动因素，并在右边一列填上你目前对该驱动因素的满意程度。例如，我认为薪酬非常重要（中间一列的分数：5），不过我目前却对薪酬不满意（右边一列的分数：2）。

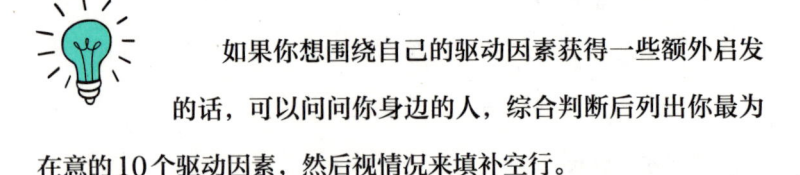

如果你想围绕自己的驱动因素获得一些额外启发的话，可以问问你身边的人，综合判断后列出你最为在意的10个驱动因素，然后视情况来填补空行。

驱动因素	你认为这对你的工作有多重要？*	你现在对它有多满意？**
内容性因素		
对自己的日常活动很着迷		
看得到成长机会		
能够参与创新		
组织文化因素		
与同事共享愉快的工作氛围		
得到领导的积极反馈		
能够在我身处的环境中为我的组织以及我们的活动而感到自豪		
实际因素和薪酬		
适合我的工作时间		
薪酬待遇优厚（每月或者每年最低×××欧元）		
能够居家工作		

* 重要性评分：1（非常不重要），2（不太重要），3（比较重要），4（重要）或5（非常重要）

** 满意度评分：1（非常不满意），2（不满意），3（比较满意），4（满意）或5（非常满意）

填完这张表格后，你能对自己当前的工作幸福感有一个整体的了解。不过请注意：有的时候，你可能会因为自己的情绪状态或某个挫折，而将所有的因素一下子评价为非常重要或非常满意。因此，尽量在自己情绪状态平稳的时候完成这个练习，这样你就不会以过于乐观或过于悲观的眼光来看待这些驱动因素了。

为什么定期评估驱动因素很重要？

对驱动因素进行评估，不但可以确定你的职业发展状况，还能为你下一步的职业发展提供直接参考。

你可以将上述练习中的所有驱动因素汇总到接下来的"**发展象限**"中。它将帮助你在职业生涯中定期与自己和其他利益相关者进行建设性对话。发展象限能够让你以建设性的目光审视自己现有的职业概况，重点关注那些已经做得很好的方面，以及那些未来可能还有改进空间的方面。这样一来，你就可以避免做出激烈的职业决策或频繁跳槽，而可以建设性地继续你的职业旅程，在你已经走过的旅程和你现在所处的状况的基础上再接再厉。

重要的是，在分析现状时，你要把尽可能多的驱动因素考虑进去。我们经常抱怨职业生涯中的不如意，却忘了关注我们感到满意并能激励我们的事情。对这些方面给予充分的关注，将确保你做出更可持续的职业选择，也将使你能够与人力资源部门、现有雇主或可能的新雇主进行建设性的对话。而且，在与利益相关者交谈时，你不仅仅要关注哪些地方做得不好、哪些地方可以改进，你还要为改进创造更多的良好意愿。

反思练习：将驱动因素整合到发展象限中，并确定你的下一步职业发展

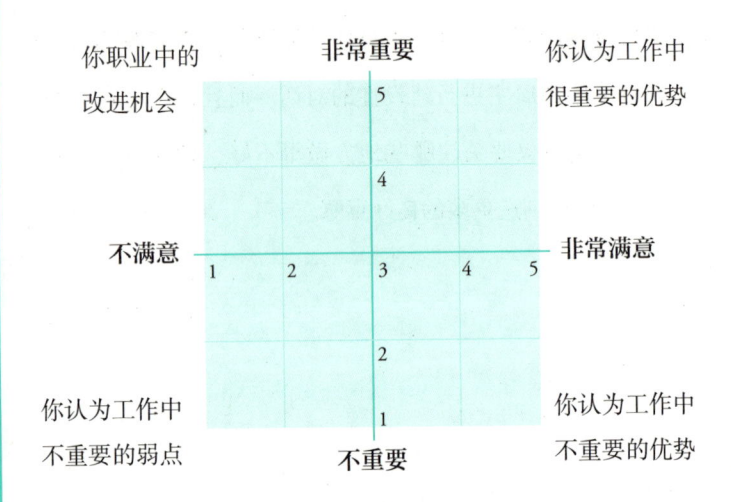

```
你职业中的        非常重要        你认为工作中
改进机会            5            很重要的优势
                    
                    4
                    
不满意   1   2   3   4   5   非常满意
                    
                    2
你认为工作中        1            你认为工作中
不重要的弱点      不重要          不重要的优势
```

重新再看一遍驱动因素表格，将列出的所有驱动因素都放入上面的图表中。同时，确认每一个驱动因素的重要程度（1～5分）和满意程度（1～5分）。将所有的驱动因素都放入图表后，你就可以对自己的现状进行深入分析了。

1.在右上角的象限中，你会发现目前工作中，那些对你来说很重要的优势。当你与现在的领导或者雇主交谈时，一定要表达你对这些优势的欣赏和感激。而这种对现有的一切和你所得到的一切表示感激和赞赏的行为，会为建立赞赏型工作关系打下基础。

  2.**在左上角的象限中**，你会发现目前工作中，那些对你来说很重要，但你不太满意的因素。你最大的改进潜力就在这里。如何才能在这些方面取得进步呢？有时，去和你的雇主谈一谈是很有必要的，比如改变工作内容或争取更高的薪水。不过也别忘了，你并不能够控制你的雇主及其市场或财务状况，因此在考虑改进机会时要灵活，想想你能提出哪些对双方都有利的解决方案。如果你发现双赢的局面不可能实现，那就试着创造突破口，看看能不能换一换工作（不论是内部的还是外部的）。有时，分道扬镳恰恰是最佳的解决方案。但如果你们能以相互欣赏的态度来讨论这个问题，并给双方留出时间和空间来寻找解决方案，那么与雇主的美好结局就是新机会和新开始的起点。

  3.**在左下角的象限中**，你会发现目前工作中，那些不重要也不太满意的因素。它们对你来说并不具有决定性，因此尽量少去关注它们吧。

  4.**在右下角的象限中**，你会发现目前工作中，那些对你来说并不太重要的优势。不过，重要的还是要问自己以下问题：要是这些因素不再存在的话，我对它们会不会还是那么无所谓呢？通常情况下，我们之所以会开始认为现有情况中的优势并不重要，是因为我们已经习惯了它们，或者把它们当成是理所当然的。如果情况确实如此，那么将这些因素移到右上角的象限内就很重要。如果情况并非如此，而你确实认为自己少了这些优势也行，那么在与现有雇主或新雇主谈判时，为了获得对你来说重要的东西（左上象限），你愿意"牺牲"或妥协这些优势。

留下还是离开？

你是否正在犹豫留在原职还是换个工作？那么，在与人力资源部门、职业规划师、主管或新雇主交谈时，一定要以这个发展象限作为基础。如此一来，谈话会变得愉快，你不但可以探讨可能的选择，而且还能看看自己如何为双方创造一个双赢的局面。在对话中，不要忘记表达你对目前状况以及已经从雇主和工作环境中获得的一切的感激之情。通常，我们过于关注自己所缺少的东西，导致我们对自己得到了多少反而没什么概念。对你已经得到或是曾经得到过的事物表示感谢，会让双方都产生好感，从而继续在工作关系中投入时间、精力或其他资源。

勇敢地追随你内心的指南针吧。直觉通常是知道方向的。但是要避免做出仓促、过激的决定——压力很大的时候就更加要注意了。通常情况下，事业上的微小调整就足以给你带来更多的满足感；或者一份兼职或是副业也能给你带来更多平静、自由的时间和喘息的机会。承担起自己的责任，也要照顾好自己的需求。比如，你是否觉得自己的工作缺乏创造性或创新性？那就找一个令人兴奋的、具有创造性的爱好或副业，这可能会让你重新开始欣赏工作的稳定性。

如何与雇主或者客户进行对话？

与雇主或客户谈论你的工作职责会给你带来很多收获。对话之前先参考你的发展象限图，对你已经满意的事情表示充分的赞赏。认识到你的工作或雇主不可能满足你的一切需求。因此，还是尽量以现实的期望和感恩的态度与雇主和客户进行对话吧，你会惊讶地发现，这里头的可能性有时候比你想象的还要多。

示例

本作为一名兼职教育工作者，对继续从事特殊青少年护理工作心存疑虑

四年来，本一直在一所寄宿学校担任兼职教育工作者和学生辅导员。他将这份固定的兼职工作与自己身为一名私人体育教练的活动结合了起来。这份副业虽说很灵活，他干起来也是充满激情，但其中总是存在着受伤的风险。因此，把这份副业与自己在社会福利领域的固定工作结合起来，能让他过上更稳定和更有保障的生活。

然而，在过去的一年里，他发现自己在工作中产生了很多实质性的厌倦和烦恼，上班的积极性也越来越低。身为一位教育工作者，他对井井有条的日程安排、友好的同事以及经济上的安全感十分看重，所以他在去留之间、在工作的利弊之间犹豫不决。起初，他也认为自己作为教育工作者在经济和工作内容方面几乎没有上升的机会。因此，他决定在续签新一年工作合同之前，先与职业规划师一起把一切都理清楚再说。

当我们对他的故事进行分析，并将他的驱动因素放到发展象限中，我们就会立即清楚地看到，为什么他在过去一年里感到动力不足。他目前的工作为他带来了许多好处（见右上角和右下角象限），而这些他都不想轻易失去。

- 良好的工作内容和活动
- 根据固定的结构工作
- 经济保障、有竞争力的薪资
- 友好的同事、灵活的工作时间

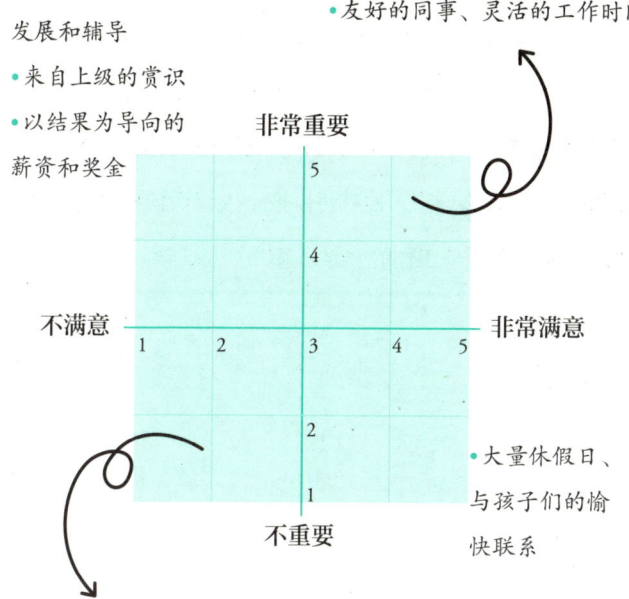

- 晋升机会、个人发展和辅导
- 来自上级的赏识
- 以结果为导向的薪资和奖金

非常重要

不满意 ——— **非常满意**

1　2　3　4　5

不重要

- 大量休假日、与孩子们的愉快联系

- 公司不提供车
- 没有学习外语和文化的机会

不过，他认为个人成长以及薪资提升和内容性发展方面的进步也非常重要。而这些都是他目前工作中得分较低的地方。眼下他正在探索一些新的机会，权衡自己是否能在潜在的新雇主那里找到右上象限的东西，以及他能否在左上象限的事情上改善自己的状况。除了去探索新的机会，他也可以继续留在现有的工作岗位上。不过要是这样的话，他就必须以不同的方式让左上象限的事情在他的生活中占据一席之地，以保持充分积极性。

一个选择是，与他现在的雇主进行对话，对其作为教育工作者的工作做出新的实质性说明（例如，承担额外的项目，提供额外的培训，等等）。另一个选择是，通过副业去上一个个人辅导和咨询的课程投资自己，从而使他的教练技能得到更好的发展，这么一来，他就可以把个人谈话辅导也变成他那份体育教练的兼职工作的一部分了。

学习心得

根据你目前的职业概况（详见阶段1），在大多数情况下，与不同职业概况的同事相比，给你带来驱动力的因素会有所不同。如果你在影响方面得分较高，那么你可能会在发展象限中重视实质性因素；相对地，稳定者们在选择工作时则会倾向于让实用性因素占据更重的分量。此外，你是人际导向还是任务导向，也会让你的发展象限看起来与同事的不一样。

定期进行这个练习之所以非常重要，是因为你的生活状况是处在变化中的。此外，将你的发展象限与工作环境充分而透明地与你的上级分享也很重要。如果你的主管都不知道你珍惜和重视的是什么，那么他就无法与你一同思考改进的可能性了。大家彼此之间不但要敞开心扉，而且还要给彼此时间，共同寻找双赢的解决方案。通常情况下，可能性会比你想象的要多。

如果你还是决定去寻找新的机会，那就不要犹豫，认真完成书中的测试，然后物色与你相匹配的工作环境或职位。在评估新机会时，一定不要忘了把你发展象限右上角中的驱动因素也考虑进去。新机会至少应该能够弥补换工作时的损失，否则你的职业旅程就会不尽如人意。但是，如果你曾经选择了一个"错误"的目的地，也不要着急——从每一个环境中我们都能够了解到自己是谁以及不是谁。而这正是本书的目的：在职业生涯中进行一次美好的自我探索之旅。

> 把你最重要的驱动因素补充到"职业护照"中,并将它们放入发展象限中。
>
> 　　发展象限是你与自己、现有或新任主管、客户或雇主就下一步职业发展进行定期对话的基础。务必要重视起来!最后,在"职业护照"中进一步规划自己的职业生涯吧。

祝你旅途愉快!

Succes en enjoy your trip!

职业护照

你的职业护照

是时候将本书中的所有信息整合起来,形成一个方便的概览了。你可以一个阶段一个阶段地创建自己的"职业护照"。每隔半年或者在需要时重复进行这个练习。

AA 000000

居住地

当前薪资水平

工作经验(年限)

职业类型(企业家、自由职业者、员工、学生或非在职人员)

AA123456<<<4LOREM<<6LOREM12345678901234<<<<<<<<12

个人信息
简单介绍一下你自己

_____
_____

能力
你的能力概况

_____
_____

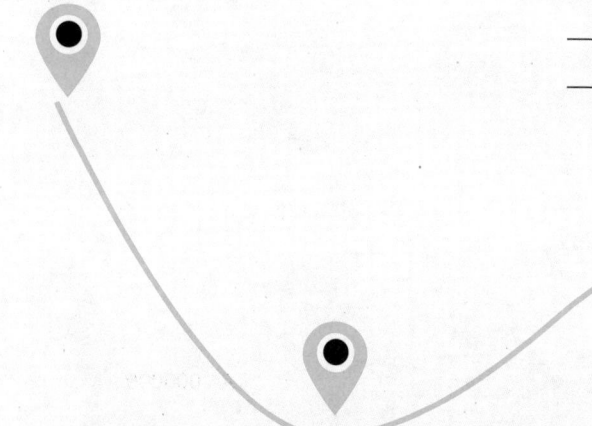

你的真实天赋和职业概况
你的天赋是什么,职业概况如何?

_____
_____

你的成就

你在职业生涯中实现了些什么？

_____

_____

你的渴望/期望

你在职业生涯中渴望什么？

_____

_____

价值观

你认为哪些价值很重要？

_____

_____

你的职业目标

规划你的职业之路！

_____

_____

阶段1：你的真实天赋和职业概况

你最重要的真实天赋

哪些天赋是你从母亲这边继承的？	哪些天赋是你从父亲这边继承的？

你真正擅长什么？

你的职业概况

简要描述一下你目前的职业概况，并在下方的图表上将其标注出来。

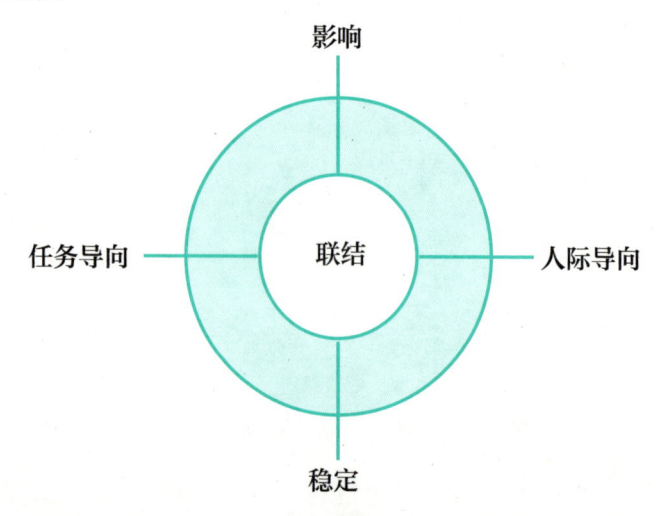

影响

任务导向 — 联结 — 人际导向

稳定

阶段 2：你的技能/能力

你在青少年时期积累了哪些能力？

_____
_____
_____
_____

你在职业生涯中积累了哪些能力？

_____
_____
_____
_____

你在学习期间积累了哪些能力？

_____
_____
_____
_____

你的五大能力分别是什么？

_____
_____
_____
_____

↓

是什么让你的职业道路独一无二？

_____
_____
_____

阶段 3：你的价值观

在下方写出你认为排在前 10 位的价值观，
然后再将你最重要的 3 个价值观标出来。

- 我认为很重要的是……
- 我认为很重要的是……
- 我认为很重要的是……
- 我认为很重要的是……
- 我认为很重要的是……
- 我认为很重要的是……
- 我认为很重要的是……
- 我认为很重要的是……
- 我认为很重要的是……
- 我认为很重要的是……

阶段4：你的渴望和期待

	我对工作的渴望/期待是……
内容方面？	
企业文化、同事和领导方面？	
实用因素方面？	
我的三大现实期望是？	1. 2. 3.

阶段5：我最重要的成就

我职业生涯中3个最重要的成功经验 1. 2. 3.	我从中学到了什么？因为这种经验，我发展出了哪些特质或能力？
我职业生涯中3个最重要的挫折 1. 2. 3.	我从中学到了什么？因为这种挫折，我发展出了哪些特质或能力？
在结果的实现方面，我是如何处理的？	在取得成果或实现目标时，哪些动力在我身上有所作用呢？

阶段6：我的职业转型

在下方写出你认为排在前10位的驱动因素，
然后，思考一下你自己目前对于这些驱动因素的满意程度。

● _____
目前对于这个驱动因素的
满意程度：
_____
_____

● _____
目前对于这个驱动因素的
满意程度：
_____
_____

● _____
目前对于这个驱动因素的
满意程度：
_____
_____

● _____
目前对于这个驱动因素的
满意程度：
_____
_____

● _____
目前对于这个驱动因素的
满意程度：
_____
_____

● _____
目前对于这个驱动因素的
满意程度：
_____
_____

● _____
目前对于这个驱动因素的
满意程度：
_____
_____

● _____
目前对于这个驱动因素的
满意程度：
_____
_____

● _____
目前对于这个驱动因素的
满意程度：
_____
_____

● _____
目前对于这个驱动因素的
满意程度：
_____
_____

发展象限

将你最重要的驱动因素放在下方的四个象限中,并且给它们评分*。当你与自己,以及与你的上司或是客户(雇主)进行对话的时候,请将这个发展象限图作为基础。每六个月重复一次这个练习。

*分数从1(非常不满意/非常不重要)到5(非常满意/非常重要);得分为3则与坐标轴的交点重合。

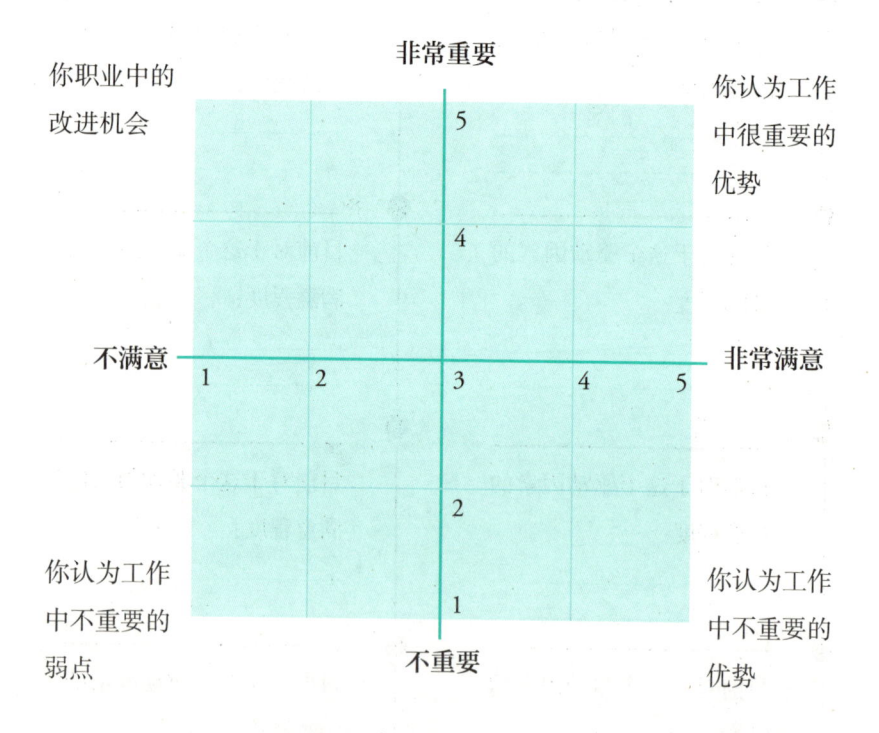

	非常重要	
你职业中的改进机会	5 4	你认为工作中很重要的优势
不满意　　1　2	3　　4　5	非常满意
你认为工作中不重要的弱点	2 1 不重要	你认为工作中不重要的优势

成果和成就的演变

- 即使结果与你的愿望或期望不符,也能增强自信心。
- 当结果适得其反时,重要的是研究一下是哪些**动力**在起作用。
  1. 你的期待或渴望现在怎么样了?
  2. 其他阶段的情况如何(天赋、能力和价值观)?
  3. 是否有阻碍性动力在从中作梗?

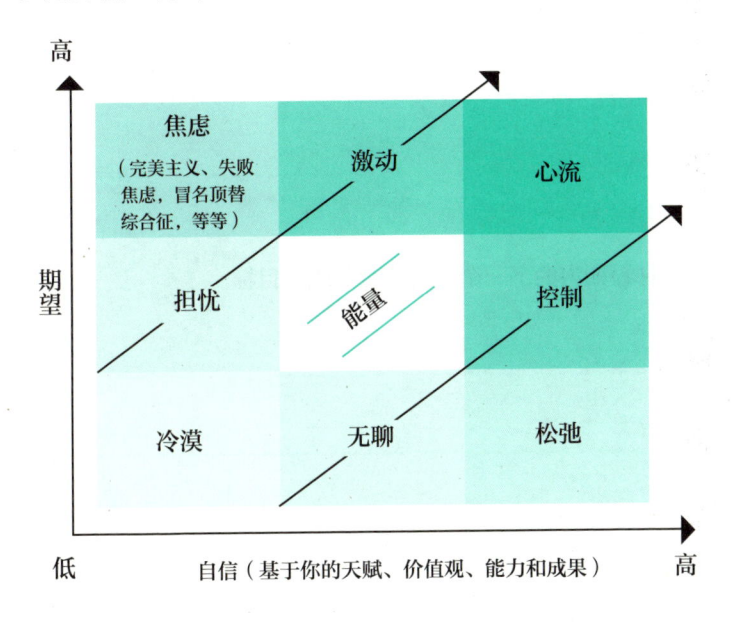

期望 高	焦虑(完美主义、失败焦虑,冒名顶替综合征,等等)	激动	心流
	担忧	能量	控制
	冷漠	无聊	松弛
低	自信(基于你的天赋、价值观、能力和成果)		高

职业自信

- 真实天赋
- 能力和学习经验
- 个人价值(观)
- 成就和(或)结果

这张图表是我设计的,其灵感来自米哈里·契克森米哈赖的《心流》一书,以及史蒂芬·M.R.柯维的《信任的速度》。

你的职业目标

在下方绘制你的职业生涯前进路线。

借助阶段6,定期地评估一下自己是否仍然"处在轨道上"吧。

● 你当前的职业目标:

● _____

● _____

● _____

● 你短期内的下一个(或几个)职业目标:

● _____

● _____

● _____

● 你长期的职业目标:

● _____

● _____

● _____

享受旅途!

Enjoy the road!

备注

结语

在结语的开头,我想再提一下阶段4中的一项反思练习。这个练习探索的是,即使遭到反对或批评,你仍然在为哪些价值观而奋斗。通过这个反思练习,我可以坚定地说:每天,无论风霜雨雪,无论疾病健康,我都会致力于实现本书和我们公司的使命——帮助每个人找到最能发挥他们才能以及能够进一步发展自我的职业目标。我尝试了无数的练习、方法、理论和观点,最终才形成了我们坚实的、行之有效的核心方法,每天帮助成百上千的人找到自己的职业目标。而通向理想目标的"旅程",则是一次对真实自我和自我真实身份的真正探索。因此,作为一名职业规划师,能够陪伴这么多独特的个体走过这段旅程,这本身就是一份美好的礼物,而我的职业也是存在于这个世界上的、最美好的角色之一。

从"职业教练"就业指导公司的角度而言,我首先要感谢我们的行业组织(比利时)佛兰德劳动力中介和职业培训服务机构(VDAB),以及私立就业市场中介和人力资源服务商联盟(Federgon)。他们每天都在为实现职业指导领域的专业化,以及佛兰德地区的职业折扣券补助系统而努力工作着,该系统让该地区的大部分就业人口都能获得经济实惠的职业指导服务。这为邻近的荷兰以及（比利时）瓦隆地区树立了一个榜样，提高了职业规划在雇主和雇员中的普及性和认知度。这么多年以来，正是由于这一系统，我们才能够向来自不同背景和行业的30,000多名客户应用我们的就业指导方法，并对方法进行定性和定量测试、衡量和微调。因此，我们的就业指导和职位匹配方法的专业化程度得到了极大的提升，而无论是我们的个人客户和企业客户，还是我们免费工具的使用者，都能够从中受益。

就我个人而言，我还要感谢现在的管理团队成员，特别是史戴夫·沃麦仁、戴夫·西蒙斯、彼得·珀西瓦尔和奥利维耶·范·赫琉沃，感谢他们为我们进一步的研究发展提供日常协助和支持。我还要向所有的职业规划师表达感谢。他们对内容性方法的日常热情和对职业的激情，每天都在持续地启发着我，使我能够腾出必要的资源来进一步发展我们的业务并使其专业化。他们的故事和我们所有客户的故事每天都在激励着我，即使是遭遇再大的逆境或者挫折，我也要努力开发出高质量、有深度且具有广泛适用性的职业规划方法，而就算是那些表面看起来"最难搞"的个案，也能让他们利用这些方法看到自己在这个社会中的适当角色和价值。

经历了失败，也经历了成功，我们渐渐发展成为如今这样的专业组织。在这个过程中，我每天都对我们每年指导过的成千上万名客户以及由此带来的经验教训而心怀感激。

我还要感谢我们成千上万的客户，感谢他们对我们这个组织所展现出的开明、脆弱和信任。正是有了来自这些个人客户和企业客户的反馈,我们才能在职业规划和职业匹配领域实现数量和质量的系统性增长。

而那些一直以来都支持我的家人和朋友,也在其中发挥了至关重要的作用。他们既是我一路上最重要的支柱和良师益友,也是在背后推我一把的那只手。他们的故事和鼓励常常给我动力,推动我在这项工作中每天持续投入精力、激情和财力。

这本书中的方法和我们那些工具中提供的方法并不是一开始就有的,而是从多年的实际经验中演变而来的。在此期间,我们在实践中尝试了各种方法,吸收各种反馈意见并进行调整。在此,我要感谢所有参加过我们课程并广泛应用我们方法的人,包括来自不同背景和行业的经理、指导师和顾问。通过每天在职业规划和职位匹配课程中交流他们在该领域的知识和经验,我们成功地让这些方法在专业上可以跨行业、跨领域地进行传播。这使我们能接触到大部分的人,从而达到开展循证研究和日益专业化的方法所需的规模。在这里,我还要感谢所有直接或间接帮助我们开展数据研究、开发工具和方法的合作伙伴。

撰写这本书既令人着迷,却也旷日持久。在经过了创造、设计、组织和删除的过程后,一些现有的方法得到了必要的更新和深化。在这个过程中,我要感谢兰诺出版公司的工作人员,还有我的合作伙伴彼得·珀西瓦尔和苏菲·范荷佩,多亏了他们的积极指导、坚持不懈,以及对内容的贡献,这本书才能够成为一个美妙的整体。

就像我所完成的每一个创意作品一样，写作也让我经历了一次深刻的自我发现之旅，而我也从中意识到，这趟自己正在"职业教练"里进行着的精彩的个人发现之旅，仍然在引领着我走向那些尚未发现的、激动人心的职业目标。

我要再次感谢所有的规划师和客户，感谢你们所提供的众多实证。在本书中，我们根据主题将这些证言呈现了出来。在展示这些示例时，应客户要求，部分人物使用了化名，以保护客户的隐私。

最后，这本书将带领你们去到哪里，那些反思练习又将让你们对自己有什么发现呢……我已经迫不及待想知道了！

凯伦

Karen